Knaur

Über den Autor:

Gert van Laak wurde 1920 in Ebenhausen bei München geboren. Sein Vater, ein Pionier der Münchener Kinogeschichte, starb 1935 an den Folgen der Verletzungen, die er sich im Ersten Weltkrieg zugezogen hatte. Das Leben der jüdischen Mutter zu retten, war in den folgenden Jahren das zentrale Thema seines Lebens. Nach Kriegsende war van Laak u. a. in der Bauwirtschaft tätig.

Gert van Laak

# DIE NAZIS NANNTEN SIE SARA

*Wie ich das Leben meiner Mutter rettete*

Knaur

Besuchen Sie uns im Internet:
www.knaur.de

Vollständige Taschenbuchausgabe 2004
Knaur Taschenbuch
Ein Unternehmen der Droemerschen Verlagsanstalt
Th. Knaur Nachf. GmbH & Co. KG, München

Umschlaggestaltung: ZERO Werbeagentur, München
Umschlagabbildung: Covergestaltung Federico Luci
unter Verwendung eines Bildes
der bayr. Staatsbibliothek/H. Hoffmann
Druck und Bindung: Clausen & Bosse, Leck
Printed in Germany
ISBN 3-426-62125-8

2 4 5 3 1

# INHALT

# I

# VORBOTEN DES UNHEILS

Freitag, der 12. April 1935, zehn Uhr vormittags. Die Trauergemeinde auf dem Friedhof in Ebenhausen bei München war unerwartet groß. Das naßkalte Wetter hatte nur wenige davon abgehalten, sich auf den Weg ins Isartal zu machen. Schauspielerinnen, Schauspieler, Regisseure, Kinobesitzer aus München und anderen bayerischen Städten gaben einem Mann die letzte Ehre, der die Welt der bewegten Bilder wie kein anderer in München geprägt und gefördert hatte. Dem Mann, unter dessen Leitung in München zuletzt sechzehn Kinos liefen, in dessen Räumen Filmpremieren gefeiert wurden, nachdem sie auf »seinen« Leinwänden gezeigt worden waren. Dem Mann, der in dem illustren Milieu der Stars und Sternchen, der wahren und der Möchtegern-Größen viele Bekannte hatte. Am Tag vor der Beisetzung war in den *Münchner Neuesten Nachrichten* die Traueranzeige erschienen:

*An den Folgen schwerer Kriegsverletzungen verschied Dienstag abend nach langem Krankenlager mein inniggeliebter Mann, der treusorgende Vater seiner Kinder Herr Wilhelm van Laak, Kaufmann, Oberleutnant der Reserve, Inhaber des Eisernen Kreuzes, im Alter von 44 Jahren. Lonny van Laak.*

Der katholische Priester sprach am offenen Grab viele lateinische Worte, die ich nicht verstand. Ich war vierzehn, in zwei Wochen hatte ich Geburtstag. Der Tote in dem Sarg, der jetzt in das Grab hinuntergelassen wurde, war mein Vater. Tränen liefen mir die Wangen herab, meine Mutter hielt fest meine Hand und versuchte, ihr eigenes Schluchzen zu unterdrücken. Es gelang ihr nicht. Auch meine Schwester weinte bitterlich, und Mutter wußte nicht, wen sie zuerst trösten sollte, obwohl sie selbst des Trostes bedurfte. Vor dem offenen Grab standen wir eng aneinandergeschmiegt, hielten uns in den Armen, blickten mit verschleierten Augen auf den Sarg, der nun für immer zugeschüttet wurde.

Später, viel später, sprach mich ein Bekannter meines Vaters an und wollte wissen, warum Mutter in den *Münchner Neuesten Nachrichten* eine so deutsch-nationale Todesanzeige aufgegeben hatte. Er sei doch beileibe kein Nazi gewesen. Ich konnte ihm die Frage beantworten, damals jedoch hätte ich es nicht können. Was ich am Grab meines Vaters an diesem Vormittag des 12. April nicht wußte, gar nicht wissen konnte und wahrscheinlich auch nicht verstanden hätte: Es war Ausdruck des Selbstschutzes. Meine Mutter hatte die Zeichen der Zeit erkannt und entsprechend reagiert, auch wenn diese Anzeige so gar nicht dem entsprach, wie ich Vater erlebt hatte.

Meine Eltern hatten sich während des Ersten Weltkrieges in einem Feldlazarett kennengelernt, in dem meine Mutter als Krankenschwester tätig war. Sie heirateten kurz nach Ende des Krieges, ich wurde Ende April 1920 in Ebenhausen im Kreis Wolfratshausen bei München geboren.

Das Leben ohne Vater war schwer. Meine Mutter, meine jüngere Schwester Dorothea, genannt Dorle, und ich mußten uns an den leeren Platz am Tisch, an den fehlenden Gedankenaustausch gewöhnen. Mutter hatte das Kino-Erbe weiterzuführen. Ich selbst ging, wie jeder andere in meinem Alter, zur Hitler-Jugend (HJ); das war zwar keine Pflicht, aber man kannte nichts anderes. Zu dieser Zeit konnte ich mich für nichts begeistern. Vaters Tod ging mir sehr tief. Als ein paar HJ-Kameraden mal triumphierend erzählten, sie hätten in der Nacht an ein paar Münchner Einfallstraßen Plakate aufgehängt mit der Aufschrift »Juden unerwünscht«, hörte ich kaum hin, es interessierte mich nicht. Das war knapp vier Wochen nach Vaters Beerdigung.

Überhaupt, was sollte das mit den Juden? Schon im Jahr vorher, zur Weihnachtszeit, war ich mal mit Mutter durch die Stadt geschlendert und hatte ein paar Geschäfte entdeckt, bei denen die Fensterscheiben eingeschlagen waren. Vor anderen Geschäften standen ein paar rauhe Burschen und wollten die Leute nicht zum Einkaufen reinlassen. Mutter konnte oder wollte mir nicht erklären, warum das so war.

Ein paar Monate nach dem Tod meines Vaters, am 15. September 1935, wurden vom Reichstag die »Nürnberger Gesetze« verabschiedet, auch »Blutschutzgesetze« genannt. Das »Reichsbürgergesetz« unterschied zwischen »Reichsbürgern« und »Staatsangehörigen«. Juden waren nur Staatsangehörige und wurden damit zu Bürgern minderen Rechts. Das »Gesetz zum Schutz des deutschen Volks und der deutschen Ehre« verbot Eheschließungen zwischen Juden und »Staatsangehörigen deutschen oder artverwandten Blutes«, auch der »außereheliche Verkehr« zwischen Angehörigen der beiden Gruppen wurde verboten und mit Strafe belegt. Das konnte schlimmstenfalls auch die Todesstrafe sein.

Die sich verstärkende Judenhetze bekam ich damals nur am Rande mit, verstand das Ganze auch nicht. In einigen Münchner Stadtteilen wurden im Herbst 1935 über Nacht Kästen befestigt, in denen *Der Stürmer* angeschlagen war. Daneben hingen Listen mit jüdischen Geschäften des betreffenden Stadtteils sowie Listen der Bewohner, die dort einkauften. Und in einigen Schaufenstern von Geschäften der Innenstadt hingen Schilder mit der Aufschrift: »Juden sind hier unerwünscht.«

Ich fragte meine Mutter eines Abends, ob das mit den Juden denn wirklich so schlimm sei, und warum alle so schlecht über sie redeten. »Wieso soll man nicht bei denen kaufen? Haben die denn schlechtere Sachen?«

Mutter bekam einen merkwürdig traurigen Gesichtsausdruck, fast wie am Grab meines Vaters. Aber sie weinte nicht, sondern sagte leise: »Ach, Gert, die Welt ist ungerecht; das verstehst du noch nicht. Juden sind genauso gute oder schlechte Menschen wie die sogenannten Arier. Da gibt es keinen Unterschied.«

»Aber in der HJ sagen sie, die wären rassisch minderwertig, nur die Arier seien die wahre Rasse.«

»Ach, Junge«, sagte Mutter wieder, »wenn du wüßtest. Morgen muß ich übrigens wieder zum Filmvorführkurs. Du weißt schon, damit ich die neue Lizenz bekomme.«

Ich wußte gar nichts, außer daß Mutter eine neue Genehmigung für die Kinos brauchte.

Mutter war nach dem Filmvorführkurs sehr bedrückt. Sie aß kaum, war schweigsam und telefonierte hinter verschlossener Tür. Dorle und ich konnten uns das nicht erklären und sprachen sie am zweiten Tag an. Mutter hatte wieder diese traurigen Augen: »Mit den Kinos ist nichts mehr; ich habe den Kurs zwar bestanden, aber die Reichsfilmkammer will mir die Konzession entziehen. Jetzt muß ich sehen, daß wir anders zurechtkommen. Aber macht euch keine Sorgen, das wird schon.«

Dorle und ich konnten die ganze Tragweite des Konzessionsentzugs noch nicht begreifen. Wie oft hatte Vater uns in eines seiner Kinos mitgenommen und uns im Vorführraum die Geheimnisse der laufenden Bilder gezeigt! Und Mutter hatte die Kinos mit Begeisterung weitergeführt. »Ich glaube«, sagte sie, »wir werden uns eine größere Wohnung suchen und die Zimmer, die wir nicht selbst brauchen, vermieten. Vielleicht werden wir nicht mehr ganz so gut leben können, aber es wird schon gehen.«

Am 6. Dezember 1935 wurde von der Polizeidirektion München folgender Lagebericht notiert:

»Mitte November wurde nachts eine große Auslagefensterscheibe des in jüdischen Händen liegenden Einheitspreisgeschäftes Eska-Kleinpreise (Stephanie Kahn), Nymphenburgerstraße 128, eingeworfen. Die Täter waren nicht zu ermitteln. Von dem Betriebsführer des Unternehmens, das siebzig Arbeitskräfte beschäftigt, wurde um die gleiche Zeit an den Leiter des zuständigen Polizeibezirks ein Schreiben gerichtet, in welchem er ersuchte, durch entsprechende Anweisung der Polizeirunden darauf hinzuwirken, daß das Aufstellen der Kontrollpersonen unterbleibt, die in letzter Zeit eine Art Prüfung des in dem Betrieb einkaufenden Publikums ausübten und dadurch den Geschäftsgang empfindlich benachteiligten.«

1936 und 1937 gingen für uns ohne größere Aufregungen über die Bühne. Ich besuchte weiter die Schule, wir wohnten in der Pettenkoferstraße und hatten ein paar Studenten als Untermieter; Mutter kochte jeden Tag für sie. Auf besondere Begeisterung stieß immer wieder ihr Leberkäs. Für meine Schwester und mich waren die neuen Mitbewohner eine willkommene Gelegenheit, neue kleine Freundschaften zu schließen, auch wenn die Verständigung manchmal nicht einfach war. Es wohnten auch ausländische Studenten bei uns und Mutter hatte bestimmt, daß alle im Haus nur Deutsch sprechen sollten, um ihren Auslandsaufenthalt so erfolgreich wie möglich abzuschließen. Wir waren eine große Familie, und wenn wir um den Mittags- oder Abendtisch saßen war immer etwas los. Die Begegnung mit diesen Älteren, mit den Franzosen, Schweden (später auch Schwedinnen) hatte eine große Faszination: Andere Länder, andere Sprachen, andere Sitten. Da wollte ich auch mal hin.

In dieser Zeit wurden in München – für mich unverständlich – ein paar Straßen umbenannt. Was ich nicht wußte: Oberbürgermeister Karl Fiehler richtete eine Anfrage an Martin Bormann wegen folgender Straßennamen: Eichthalstraße, Hermann-Levi-Straße, Isabella-Braun-Platz, Mahlerstraße, Mendelssohnstraße, Meyerbeerstraße, Neustätterstraße, Paul-Heyse-Straße, Trautmann-Straße, Klara-Viebig-Straße, Possartstraße. Wie ich später erfuhr, hielt Bormann eine Umbenennung der Paul-Heyse-Straße und der Possartstraße nicht für notwendig. Die anderen wurden umbenannt; die letzten fünf am 21. April 1938.

Ich bereitete mich auf das Abitur vor. Schon im Herbst 1937 hatte ich des öfteren mit Mutter beratschlagt, was ich danach unternehmen sollte. Ich wollte gerne Chemie studieren. Meine Mutter unterstützte mich darin, meinte aber manchmal etwas eigenartig: »Ich hoffe für dich, daß es klappt.«

Und einmal sagte sie auch zu mir: »Mein Junge, du wirst eine große Verantwortung zu tragen haben. Nach Vaters Tod bist du der einzige Mann in der Familie. Du bist klug und gewitzt. Vielleicht mußt du mal eine entscheidende Rolle für Dorle und mich spielen.«

Diese Andeutungen waren mir zu hoch, ich hielt sie für äußerst seltsam und blickte Mutter verständnislos an.

Eines Tages entdeckte ich auf Mutters Nachttisch im Schlafzimmer einen geöffneten Brief mit Absender »Standesamt Freiburg«. Ich las: »Sehr geehrte Frau van Laak, Ihre Anfrage wegen des Ahnennachweises können wir leider nur abschlägig beantworten. Eine Geburtsurkunde Ihrer Großeltern liegt hier nicht vor.«

Was ich da gelesen hatte, beschäftigte mich sehr. Ich hatte zwar gehört, daß ein Ahnennachweis für alle Deutschen notwendig war, aber wieso hatte meine Mutter damit Schwierigkeiten? Mein Vater war doch deutsch gewesen, sein Begräbnis war streng katholisch, und ihm war das Eiserne Kreuz verliehen worden.

Wieder sprach ich eines Abends mit Mutter über meine Studienpläne. »Junge«, sagte sie plötzlich, »jetzt müssen wir mal ganz ernsthaft miteinander reden. Es wird für dich nicht leicht sein, überhaupt mit dem Studium anzufangen. Du wirst es wahrscheinlich gar nicht dürfen.«

Ich verstand die Welt nicht mehr und blickte sie fragend an: »Was soll das heißen, ich darf nicht?«

»Ich muß dir ein Geständnis machen, Gert, es läßt sich jetzt nicht mehr verheimlichen. Du würdest es früher oder später selbst herausbekommen; also sage ich es dir lieber selbst. Ich bin Jüdin.«

Ich starrte sie fassungslos an und konnte nichts sagen. Wir saßen mindestens fünf Minuten schweigend am Tisch, ich blickte an die Decke und knetete unter der Tischplatte meine Finger. Mutter versuchte, das Schweigen zu brechen: »Ach, Gert!«

So sprach sie nur, wenn etwas ganz ernst war. Ich senkte meinen Kopf, nahm meine Hände unter dem Tisch hervor, faltete sie auf der Tischplatte und dachte an den 12. April 1935.

»Wußte Vater das?« Ich blickte Mutter in die Augen und sah, daß diese feucht wurden.

»Ja, natürlich wußte er das«, sagte sie halblaut. »Ich habe ja das Bekenntnis gewechselt, bin zum Katholizismus konvertiert. Wir haben ganz normal katholisch geheiratet.«

Tausend Gedanken schossen mir durch den Kopf: Wenn meine Mutter Jüdin ist, dann bin ich ja Halbjude. Juden und Halbjuden sind die Feinde des Reiches, sagen die in der HJ oder von der Partei immer. Deswegen die zerstörten Geschäfte, die Posten vor den Läden, die Anschläge, die Propaganda im Radio. Und meine Mutter ist eine von denen! Und ich letztlich auch! Sind wir denn wirklich Untermenschen? Menschen minderwertiger Rasse? Ich bin noch nicht einmal achtzehn, will das Abitur machen, will studieren, und jetzt soll alles für die Katz sein, nur weil ein Mann namens Hitler das so meint?

Mutter sprach dann ganz ruhig weiter und versuchte mir zu erklären, wie es ihr inzwischen ergangen war: »Gert. Ich will dir erzählen, warum wir die Kinos nicht mehr haben. Vielleicht kannst du dann verstehen, was das alles bedeutet.«

Und sie erzählte von dem Filmvorführkurs: Alle Theaterbesitzer mußten diesen Kurs absolvieren, um weiterhin die Erlaubnis zu erhalten, ein Kino zu betreiben. Der Leiter des Kurses kam herein und grüßte mit »Heil Hitler«. Alle Anwesenden – auch meine Mutter – grüßten mit »Heil Hitler« zurück. Daraufhin wurde Mutter von einem ihrer Kollegen, der von ihrer jüdischen Abstammung wußte, angezeigt. Von der NSDAP erhielt sie ein Schreiben, wonach sie zu dem Vorfall Stellung nehmen sollte. Sie schrieb zurück, daß sie einen Rechtsanwalt für diese Angelegenheit benötige. Allerdings, und so resolut war sie: Sie habe zwei Kinder aus einer Ehe mit einem deutschen Offizier. Es hieß zwar damals schon, die Juden müßten auch durch jüdische Anwälte vertreten werden. Doch Mutter pokerte. Sie schrieb: »Wir sind keine Juden im eigentlichen Sinne. Der deutsche Offizier, der gerade vor fünf Monaten an den Folgen seiner Kriegsverletzungen gestorben ist und der mein Mann war, würde sich im Grab umdrehen, wenn meine Kinder von einem jüdischen Anwalt vertreten werden würden.«

Diese Sprüche haben wohl gezogen. Mutter wurde vorgeladen. Sie tat unschuldig: »Wenn ich mit ›Heil Hitler‹ begrüßt werde, was soll ich denn dann sagen?«

Die verhörenden Herren wußten es auch nicht. Einer meinte dann: »Tun'S die Hand hoch und sagen'S nix. Grüßen Sie still.«

Und ein anderer: »Genau. Dann kommt Ihnen das heilige Wort ›Hitler‹ nicht über die Lippen.«

»Aber wie soll das denn weitergehen?« fragte meine Mutter. Der eine Kerl meinte dann lakonisch: »Dann müssen wir Ihnen eben einen Anwalt zur Seite stellen. Am besten einen aus der Partei.« Und damit hatte Mutter einen Anwalt namens Otto Raab. Sie ging zu ihm und erzählte ihm die Geschichte. Seine erste Reaktion war: »Ich bin zwar mitmarschiert zur Feldherrenhalle 1923 und bin Blutordensträger, aber was sich der Scheißkerl jetzt überall erlaubt, ist unglaublich.« Den Entzug der Kino-Lizenz durch die Reichsfilmkammer konnte er aber nicht verhindern.

»Und was war mit Vaters Todesanzeige?« wollte ich wissen. Es war mittlerweile halb zwei Uhr nachts. Mutter und ich saßen uns am Tisch gegenüber; ich spürte, daß diese Nacht einschneidend für mein weiteres Schicksal war. So viel prasselte auf mich ein. Von einer Minute auf die andere war ich ein anderer Mensch geworden. Oder nein: Ich war gar kein anderer Mensch geworden, ich hatte nur erfahren, daß ich seit meiner Geburt bereits ein ganz anderer war, einer mit dem jüdischen Blut meiner Mutter. Halbjude – oder Halbarier. Ja, was denn nun? Eine halbe Portion? Kein ganzer Mann nach der einen Seite, kein ganzer Mann nach der anderen! Alles in mir lehnte sich auf gegen diesen Tatbestand, für den ich nichts konnte. Hineingeboren in eine Familie, in der ich mich immer wohlgefühlt hatte. Eng verbunden mit der Mutter, die nach Vaters Tod alles gegeben hatte, um wenigstens die emotionale Geborgenheit aufrechtzuerhalten, wenn es auch finanziell schlechter ging.

»Vaters Todesanzeige«, sagte Mutter, »war ein Manöver, um nach außen hin zu dokumentieren, daß wir nationalbewußte Deutsche sind. Die Hetze gegen die Juden war ja schon abzusehen. Ich mußte versuchen, deinen Vater und damit unsere Familie im krassen Gegensatz zu unserer eigentlichen Einstellung zu zeichnen. Deshalb der Hinweis auf die Kriegsverletzungen, den Oberleutnant der Reserve, den Inhaber des Eisernen Kreuzes.«

»Und was ist mit diesem Brief aus Freiburg?«

Ich wußte immer noch nicht, wie ich meine Gedanken sortieren sollte, was nun wichtiger war, das Studium oder die Mutter oder Dorle, die von alledem noch gar nichts wußte, oder dieser Hitler, von dem mir in der HJ so viel erzählt worden war, der aber in dieser Nacht für mich zu einem gefährlichen Gegner wurde.

»Du mußt doch vor dem Studium erst mal zum Arbeitsdienst«, sagte Mutter.

»Was heißt müssen?« antwortete ich. »Das gehört ja wohl dazu.«

»Eben, und da ist das Problem. Denn um danach ein Stipendium für das Studium zu bekommen, müßtest du den Ahnennachweis bringen.«

Von diesem fragwürdigen Papier hatte ich schon gehört, aber nie daran gedacht, daß ich selbst einmal damit Probleme haben könnte. Ich war in der letzten Klasse der Oberrealschule. Wir waren der erste Jahrgang, der nur acht Jahre bis zum Abitur absolvieren mußte. Hitler wollte offensichtlich schon diesen Jahrgang möglichst schnell für den Krieg freikriegen, deshalb wurde von neun auf acht Jahre reduziert.

Ich wurde wütend: »Warum macht dieser Staat Gesetze, die rückwirkend sind, also für Leute gelten, die vor zehn, zwanzig, dreißig oder mehr Jahren geboren wurden? Was soll das überhaupt: Wehrstammrolle? Warum verdonnert man einen Personenkreis, der sich überhaupt nichts hat zuschulden kommen lassen? Warum stempelt man Menschen wegen ihrer Geburt und Abstammung einfach ab und gibt ihnen keine Chance? Das ist doch ungerecht!« Ich schrie es einfach heraus in meiner Empörung.

»Ich weiß«, sagte Mutter nach einer Pause, ruhig und verständnisvoll. »Deshalb habe ich ja den Trick mit den Standesämtern angefangen. Es gibt viele Freiburgs in Deutschland, auch in der Schweiz. Ich habe nur die falschen angeschrieben, von denen ich wußte, daß die Großeltern dort garantiert nicht herkamen. Und dementsprechend habe ich abschlägige Antworten erhalten. Damit können wir alles offenlassen.«

Diese Nacht war ein Schlüsselerlebnis für mich. Ich wußte jetzt eines: Ich war plötzlich ein anderer. Eben noch ein junger Mann, der zielstrebig und optimistisch auf sein Abitur zusteuerte, jetzt aber ein Mensch, der sich plötzlich in Frage gestellt sah. Mehr noch: ein Mensch, der plötzlich zwischen zwei Stühlen saß, von einer Sekunde auf die andere. Halbjude. Oder Halbarier? Eine halbe Portion?

Was wußte ich von den Juden? Gar nichts. Meine Eltern waren katholisch. Zu jüdischen Verwandten hatten wir nie Kontakt, auch nicht zu anderen jüdischen Mitbürgern. Das Judentum kannte ich überhaupt nicht, hatte nie Berührung damit gehabt. Mag sein, daß Verwandte meiner Mutter engere Verbindung zur jüdischen Kultusgemeinde hatten, aber während meiner ganzen Kindheit war »Judentum« für mich ein Fremdwort gewesen. Ich erinnerte mich an eine Ausstellung im Deutschen Museum, »Der ewige Jude«. Aber sonst? Mit diesem Thema, mit diesem Problem wurde ich erstmals bewußt in dieser langen Nacht am Küchentisch mit Mutter sitzend konfrontiert.

Ich fühlte mich in meiner Persönlichkeit reduziert, war zwar noch nicht sichtbar gebrandmarkt, aber innerlich verletzt; gleichzeitig aber fühlte ich mich außerordentlich herausgefordert. Ich erinnerte mich an Mutters Worte: »Vielleicht mußt du mal eine entscheidende Rolle für Dorle und mich spielen.«

Und ich merkte, daß Mutter sich an mich als einzigen Mann in der Familie anzulehnen begann.

Das Gespräch mit Mutter dauerte insgesamt fünf Stunden. Ich war aufgewühlt und völlig durcheinander. Wie sollte es weitergehen? Arbeitsdienst? Studium? »Komm Junge«, mahnte mich Mutter freundlich, aber bestimmt, »jetzt mach erst mal dein Abitur. Dann sehen wir schon weiter.«

Meine Mutter hatte alle sechzehn Kinos in München verloren, mußte Zimmer vermieten, um überleben zu können, wußte, daß sie von der NSDAP als Jüdin verfolgt wurde, und trotzdem war sie täglich für Dorle und mich da, als fürsorgende Mutter. Ich bewunderte sie.

Zum zweiten Mal an diesem Abend mußte ich an Vaters Beerdigung denken, verdrückte mir aber auch meine Tränen und versuchte, erwachsen zu sein. Ich stand auf, ging um den Tisch herum, drückte Mutter ganz fest an mich und sagte nur: »Verlaß dich ganz auf mich. Ich will mithelfen, daß uns nichts passiert.«

Ich ließ sie ganz schnell los, weil ich meine Tränen kommen spürte. Und die sollte sie doch nicht sehen. So schnell war ich noch nie in meinem Zimmer verschwunden. Schlafen konnte ich aber nicht, sondern wälzte mich die ganze Nacht (oder das, was davon übriggeblieben war) im Bett herum.

In den noch verbleibenden Monaten bis zum Abitur nahm ich die Vorgänge in München wesentlich bewußter wahr. Ich sah die Aushänge in Schaufenstern wie »Arisches Geschäft«, ich erfuhr, daß schon im November 1935 die Juden aus dem Beamtentum entlassen worden waren, daß seit den »Nürnberger Gesetzen« immer neue antijüdische Verordnungen erlassen wurden. Zum Beispiel bezüglich der Schwimmbäder: Kurz nach dem Tod meines Vaters, Ende Juli 1935, hatte die Stadt München den Juden den Zutritt zu den städtischen Familienbädern untersagt. Ich erfuhr auch, daß viele jüdische Geschäftsleute ihre Läden aus Angst vor Repressalien verkauft hatten – weit unter Wert. Und viele waren emigriert, aus Angst vor Verfolgung.

Über Mutters Geständnis in jener denkwürdigen

Nacht sprach ich mit keinem Menschen. Wer hätte mir auch helfen sollen? Ich hatte vielmehr die Befürchtung, daß ich zwangsläufig isoliert worden wäre, hätte ich mich irgendeinem Klassenkameraden offenbart. Es begann die Zeit der einsamen Überlegungen und Entschlüsse.

Im April 1938 machte ich das Abitur. Ich war knapp achtzehn, der Jüngste in der Klasse. Einen Monat vorher war der »Anschluß« Österreichs erfolgt, und in den Gesprächen auf der Straße oder im Schulhof tauchte immer öfter das Wort »Krieg« auf.

Weil nicht klar war, wie wir den Ahnennachweis umgehen konnten, und meine Mutter immer noch damit beschäftigt war, weitere falsche »Freiburgs« anzuschreiben, besuchte ich ein knappes halbes Jahr eine Handelsschule in München. Dann meldete ich mich freiwillig zum Arbeitsdienst. Ich kam als Arbeitsmann nach Mittenwald, Reichsarbeitsdienst, Abteilung 5/302, fünf Monate lang für fünfundzwanzig Pfennige am Tag.

Wenn man von Garmisch nach Mittenwald fährt, kann man auch heute noch Wiesen entdecken, die ungewöhnlich viele Hügel und Buckel haben. Die wurden schon damals »Buckelwiesen« genannt: Endmoränen aus der Eiszeit. Die Bewirtschaftung dieser Buckelwiesen war den Bauern nicht möglich. Deshalb hatten wir vom Arbeitsdienst – zur Förderung der Volkswirtschaft! – die Aufgabe, diese Wiesen einzuebnen. Wir wohnten in Baracken mit bis zu zehn Mann auf der Stube. Insgesamt arbeiteten in dieser Abteilung etwa zweihundert Arbeitsmänner. Wir hatten kurzgeschnittene Haare, die berühmten »Stiftenköpfe«, alles war streng militärisch organisiert. Statt eines Gewehrs benutzten wir den Spaten. Damit stachen wir die Buckel ab und ebneten sie ein: Grasnaben und Humus zur Seite, dann den Kies. Die Fläche auf eine Ebene mit der Umgebung bringen, Kies, Humus und Rasenstücke (verkehrt herum – für die Düngung) wieder aufbringen.

Die Feldmeister beim Arbeitsdienst waren unerträglich. Sie hatten den ganzen Tag über nichts anderes im Kopf, als die Mannschaft zu schikanieren. Wehe, wenn beim Putzappell noch ein bißchen Dreck an den Stiefeln war ... Fast noch schlimmer waren die Anwärter für die gehobene Laufbahn im Arbeitsdienst, die aus dem annektierten Österreich, der damals sogenannten »Ostmark«, zu uns nach Mittenwald kamen. Diese zukünftigen Feldmeister oder Oberfeldmeister erhielten zunächst einen Schnellkurs über das Leben im Reichsarbeitsdienst. Und dann hatten sie nichts Wichtigeres zu tun, als unter den eingezogenen jungen Männern rumzuschnüffeln und deren Gesinnung zu erforschen. Diese Österreicher waren 180-prozentige Nazis. Etwas Besseres als den Nationalsozialismus gab es für sie nicht. Hitler war ihr Befreier, er hatte sie »heim ins Reich« geholt. »Er ist einer von uns«, sagten sie immer, »er ist ja selbst Österreicher.«

Mich fragten sie auch öfter: »Und was hältst du vom Reichsarbeitsdienst?«

Es war so scheinheilig, so hinterfotzig, nur um ein »falsches« Wort aus mir rauszulocken. Aber ich dachte mir gar nichts und sagte ihnen offen ins Gesicht: »Viel lieber würde ich jetzt studieren. Aber statt dessen muß ich mich hierherstellen und Grasnaben abstechen. Wenn man mich studieren lassen würde, wäre ich ein halbes Jahr früher fertig und könnte dann mit dem angeeigneten Wissen vielleicht viel Sinnvolleres leisten als hier auf der Wiese.«

Ich kochte innerlich vor Wut. Daß ich nach dem Arbeitsdienst wegen meiner Abstammung wahrscheinlich sowieso nicht studieren konnte, verriet ich diesen eingebildeten Nazis natürlich nicht. Ich setzte aber dennoch nach: »Ein Staat sollte doch seine Bürger am besten dort einsetzen, wo sie mit ihren Fähigkeiten am effektivsten tätig sein können, oder? Und weil dieser Staat das nicht macht, halte ich den Arbeitsdienst für völligen Blödsinn.«

Irgendwie hatte ich den Eindruck, daß diese Offiziersanwärter bei mir den gewissen Enthusiasmus oder die richtige Begeisterung vermißten.

Mutter besuchte mich ein paarmal. Beim ersten Besuch mußte sie über das Schild am Eingang des Lagers herzlich lachen: »Hier gehen wir Brüder, müde die Glieder, dem Lager zu, laßt uns in Ruh.«

»Mensch, Junge, wie siehst du denn aus? Zeig mal deine Haare: Das sind ja nur ein paar Millimeter! Und was ist das denn für eine Uniform?«

»Weißt du«, sagte ich ein bißchen stolz, »diese Einheit hat 1936, als die Abfahrtsstrecken für die Winterolympiade hergerichtet werden mußten, so ähnliche Uniformen wie die Gebirgsjäger gekriegt. Das war damals eine Art Auszeichnung für die, die die Slalomhänge treten und die Schanzen bauen mußten.«

Mutter blickte an mir herunter und war ein wenig skeptisch: »Na, ich glaube, daß die das damals auch gemacht haben, um den ausländischen Gästen ein besonders schickes Bild von ihren Arbeitsameisen zu bieten.«

»Kann schon sein, Mutter«, lenkte ich ein. Weit mehr als die Uniform interessierte es mich, wie es in der Zwischenzeit in München weitergegangen war. Viel konnte sie nicht erzählen. Nur noch wenige Bekannte aus der Kino-Szene hielten den Kontakt mit ihr. Nachdem die Reichsfilmkammer vor drei Jahren veranlaßt hatte, daß ihre Pachtverträge gekündigt wurden, hatten sich auch viele angebliche »Kollegen« von ihr distanziert und sich zurückgezogen. Dorle ging es soweit ganz gut, sie wollte Schneiderin lernen, hatte gerade eine Stelle als Lehrling in einer Schneiderwerkstatt bekommen. Das Mädchenlyzeum wollte sie nicht beenden, sondern war von der dritten Klasse abgegangen.

»Und die Juden?« fragte ich Mutter leise.

Sie antwortete ebenso leise, während wir durch das Lager schlenderten. »Du warst gerade eine Woche weg, da gab es – nicht nur in München – eine fürchterliche Nacht. Ich habe zwar nichts davon mitbekommen, weil ich tief und fest geschlafen habe, aber am nächsten Tag, es war der 10. November, hat man alles gesehen.«

Wie ich später erfuhr, wurde diese Nacht dann »Reichskristallnacht« genannt. Nach offiziellen Angaben wurden sechsundvierzig Fensterscheiben von jüdischen Geschäften in München eingeschlagen, die Auslagen durch die Ordnungspolizei »sichergestellt«, ein Jude wurde erschossen. Die orthodoxe Synagoge in der Herzog-Rudolph-Straße wurde ein Raub der Flammen, ebenso die ostjüdische Synagoge in der Reichenbachstraße 27. Am größten waren die Zerstörungen in der Neuhauser- und Kaufingerstraße, in der Sendlinger-, Wein- und Theatinerstraße, am Karlsplatz, Rindermarkt, Im Tal und im Gärtnerplatzviertel. Ein paar Geschäfte waren dabei, die ich vom Vorbeigehen kannte: Bernheimer zum Beispiel oder Uhlfelder. Auch das Bankhaus Aufhäuser wurde heimgesucht. In jener Nacht und am Tag darauf wurden in München rund neunhundert Juden verhaftet und nach Dachau gebracht. »Dachau«, das wußte ich, war ein Lager und bedeutete nichts Gutes. Mutter erzählte aber, daß die festgenommenen Juden nach und nach wieder entlassen wurden. Sie mußten sich verpflichten auszuwandern.

Das Gespräch mit Mutter hatte mich wieder sehr aufgewühlt. Was sind das bloß für Menschen, fragte ich mich. Was kann denn einer dafür, daß er Jude ist? Und was ist der Unterschied zwischen einem »Arier« und einem Juden? Was in der Hitler-Jugend erzählt worden war und was die Obernazis hier beim Arbeitsdienst plapperten, glaubte ich schon lange nicht mehr. Ich war ja selbst betroffen. Ich sollte eine minderwertige Kreatur sein? Ich? Niemals! Damals beschloß ich: Ich werde es euch beweisen! Ich will nicht als halbe Portion gelten, und ich werde es vor allen Dingen nicht zulassen, daß ihr meiner Mutter auch nur ein einziges Haar krümmt! Ihr sollt mich kennenlernen!

Wie dieser »Kampf« allerdings aussehen sollte, wußte ich damals nicht. Ich wußte nur eins: Niemals würde ich mich damit abfinden, daß wegen irgendwelcher Rassegesetze eines selbsternannten »Führers« meine Familie ins Unglück gestürzt würde. Nicht nur, daß ich mich nicht damit »abfinden« würde, mehr noch: Ich hatte den festen Willen, alles zu tun, daß es gar nicht so weit käme. Mutters Erzählungen hatten mich aus dem sinnlosen Trott des Arbeitsdienstes gedanklich rausgerissen und maßlos aufgerüttelt. Ich wußte: Wenn ich wieder in München bin, wartet eine große Aufgabe auf mich.

# II

# AUFSCHUB

Aus dem Reichsarbeitsdienst wurde ich am 25. März 1939 entlassen. Kurz zuvor hatte die Wehrmacht Böhmen und Mähren besetzt und war ins Memelgebiet einmarschiert. Auch wenn wir Achtzehnjährige damals die politische Großwetterlage noch gar nicht richtig erfassen konnten, so deutete sich doch unterschwellig, eher gefühlsmäßig, eine Entwicklung an, die nichts Gutes bedeuten konnte. Zu Hause und unter Freunden wurde auch darüber gesprochen. Nach meiner Entlassung aus dem Arbeitsdienst war ich als Freiwilliger für ein Luftnachrichtenregiment vorgemerkt worden. Die bisher unausgesprochene Demütigung, der Makel, als »Halbjude« zu gelten, hatte mich dazu angespornt, es »denen« zu zeigen. Wo hätte ich es auch anders beweisen können? Das Studium war wegen des fehlenden Ahnennachweises in unerreichbare Ferne gerückt, es blieb nur die Wehrmacht. Wenn ich dort meinen Mann stehe, so dachte ich, werden sie auch Mutter in Ruhe lassen.

Doch nach meiner Rückkehr vom Arbeitsdienst ereilte uns ein ganz anderer, unerwarteter Schicksalsschlag. Meine Mutter nahm mich eines Abends beiseite: »Wir müssen jetzt ganz fest zusammenhalten. Der Schmid hat uns die Wohnung gekündigt.«

Schmid war der Vermieter des Hauses in der Pettenkoferstraße. Ich wollte natürlich sofort wissen, welche Gründe dieser Herr Schmid vorgebracht hatte.

»Gründe?« Mutter mußte lachen. »Keine Gründe offiziell.«

»Und inoffiziell?« In mir kam wieder dieses ungute Gefühl hoch, wie damals, als Mutter mir eröffnet hatte, daß sie Jüdin sei.

»Inoffiziell«, jetzt wirkte Mutters Lachen etwas unnatürlich und gequält, »inoffiziell wird es wohl so sein, daß irgend jemand dem Schmid meine Herkunft verraten hat. Und seit April gibt es ein Gesetz über Mietverhältnisse mit Juden: Arische Hausbesitzer können jüdischen Mietern problemlos kündigen.«

»Wie? Einfach so auf die Straße setzen? Und was ist mit Kündigungsschutz?«

»Kein Kündigungsschutz für Juden, mein Junge.«

Das klang für einen Moment etwas traurig und ratlos, so ganz anders, als ich Mutter kannte. Diese Kündigung hatte die ansonsten so resolute und couragierte Frau getroffen. Wie man später nachlesen konnte, wurden im Jahr 1939 in München neunhundert jüdische Wohnungen »freigemacht«.

Mutter fand ihren Mut jedoch schnell wieder: »Aber wir lassen uns nicht kleinkriegen, Gert, oder? Wir doch nicht. Uns wird keiner so schnell ins Bockshorn jagen.«

Ich schwankte noch in meinen Gefühlen. Was ist das bloß für ein Staat, dachte ich, der einen unbescholtenen Teil des Volkes nur wegen seiner Abstammung, wegen seines jüdischen Blutes drangsaliert? In diesem Moment fühlte ich mich zum ersten Mal als unmittelbar Betroffener. Die Wohnung zu verlieren, nur weil meine Mutter Jüdin war, das verletzte mich in meiner Ehre so sehr, daß aus meiner Wut gleichzeitig der starke Wille entstand, gegen dieses Unrecht anzukämpfen.

»Ich werde zunächst mal mit Rechtsanwalt Raab sprechen«, sagte Mutter, »vielleicht kann der irgendwas erreichen.«

Aber das war aussichtslos. So gerne Herr Raab vielleicht geholfen hätte – in diesem Fall konnte er nur mit den Achseln zucken und auf das genannte Gesetz verweisen. Ihm waren die Hände gebunden.

Mutter nahm dann Kontakt mit unseren Verwandten in Rastatt auf. Meine Cousine Gertrud war dort mit einem Weingroßhändler verheiratet. Mutter telefonierte ein paarmal sehr lange mit ihnen und führte ihnen unsere Situation sehr eindringlich vor Augen. Der Hilferuf hatte Erfolg. Hans Müller, der Mann meiner Cousine, der sehr wohlhabend war, kaufte in der Münchner Hofenfelsstraße im Stadtviertel Gern ein Haus: Dort konnten wir einziehen.

Die Studenten, die bei uns wohnten, zogen natürlich mit um. Die Kriegerwitwenrente von dreihundert Reichsmark, die Mutter bekam, hätte nie gereicht, die Familie zu ernähren. So hatten wir immer sechs bis acht ausländische Gäste. Es war eine richtige Pension; Mutter kochte mittags ausgiebige Mahlzeiten, abends gab es einfaches Essen. Dorle und ich aßen am großen Tisch mit, ich teilte damals ein Doppelzimmer mit einem

Franzosen, Henri. Wir fanden uns sympathisch und unternahmen oft etwas gemeinsam. Henri hatte ungefähr die gleiche Statur wie ich, und wir verstanden uns so gut, daß jeder wie selbstverständlich auch mal die Klamotten des anderen trug, ich seine Anzugjacke, er meine Hose oder umgekehrt. Damals sprach Henri noch nicht so gut deutsch, doch bekam er an der Universität und durch die Zeitungen einiges vom Nationalsozialismus mit. Er ging damit so ähnlich um wie ich: Es war halt so. Er dachte sich auch nichts dabei, sich im Freibad ein Hakenkreuz aus Zeitungspapier zurechtzuschneiden und sich dieses auf den Bauch zu legen. Nach zwei Stunden in der Sonne hob sich das Hakenkreuz hell von der übrigen geröteten Haut ab. Es war eben eine »Gaudi«.

Die beiden Schwedinnen Gunnel und Anna waren besonders lebenslustig. Die beiden, etwa zweiundzwanzig Jahre alt, hatten unter ihren Kommilitonen zahllose Verehrer, wie man den vielen Anrufen entnehmen konnte, die sie bekamen. Ab und zu kamen nachmittags auch Studenten vorbei, um sie abzuholen. Ich selbst hatte, äußerst verstohlen, ein Auge auf Gunnel geworfen. Beim Mittagessen blinzelte ich ihr manchmal zu, und sie blinzelte zurück. Das bereitete mir großes Herzklopfen – in Liebesangelegenheiten war ich ein echter Spätzünder. Immerhin war ich jetzt neunzehn, aber natürlich viel zu jung, um von echten Damen ernstgenommen zu werden.

Als Gunnel einmal vergaß, Deutsch zu sprechen, mußte sie den vereinbarten Obulus entrichten: fünfzig

Pfennig in die Gemeinschaftskasse. Das mußte jeder der ausländischen Studenten zahlen, der bei Tisch aus Versehen in seine Heimatsprache verfiel. Gunnel tat mir leid. Sie zahlte zwar die fünfzig Pfennig, aber ich schlich mich, als sie nachmittags wieder mit einem ihrer Verehrer unterwegs war, in ihr Zimmer und legte fünfzig Pfennig unter ihr Kopfkissen. Sie muß wohl geahnt haben, daß das von mir kam, denn als wir uns abends vor dem Schlafengehen zufällig auf dem Flur trafen, steckte sie mir eine Zigarette in meine Schlafanzugtasche und sagte – wieder mit diesem unwiderstehlichen Augenzwinkern: »Herzlichen Glückwunsch zum Geburtstag, bel ami.« Wahrscheinlich bin ich rot angelaufen, jedenfalls verschwand ich schnell in meinem Zimmer. Wieso herzlichen Glückwunsch zum Geburtstag? Ich hatte doch gar nicht Geburtstag. Aber »bel ami«, das verstand ich gut, im Ufa-Palast in der Sonnenstraße lief gerade ein Film mit diesem Titel. Ich war nervös, und Henri merkte das. »Bist du einem Geist begegnet?« fragte er etwas spöttisch. »Du zitterst ja!«

»Kein Geist«, stammelte ich, holte die Zigarette aus dem Schlafanzug und versteckte sie in der Nachttischschublade. Ich zog mir die Decke über den Kopf und dachte nur an dieses »bel ami«. Das hatte bisher noch kein Mädchen zu mir gesagt. Aber jetzt Gunnel.

»Bist du verliebt?« bohrte Henri in seinem gebrochenen Deutsch weiter.

»Ich? Verliebt? Nee.«

Auch wenn er mein bester Freund war: Das sollte er

nun wirklich nicht wissen. Die Zigarette von Gunnel rauchte ich am nächsten Tag ganz genüßlich und mit Herzklopfen, während sie in der Universität war.

Abends verkündete Mutter: »So, Leute, unsere Gemeinschaftskasse ist wieder fast voll, was wollt ihr lieber: Hofbräuhaus oder Ausflug zum Starnberger See?«

Die Mehrheit war für einen Ausflug an den Starnberger See; es war Anfang August, herrliches Wetter, kein Grund also, sich zwischen die Bierdimpfln am Platzl zu zwängen.

Der Ausflug an den Starnberger See war für mich zwiespältig: Einerseits hoffte ich, näher mit Gunnel in Kontakt zu kommen, andererseits hatte ich just an jenem Morgen den Bescheid erhalten, daß ich mich in drei Wochen, am 1. September 1939, in Stuttgart beim Luftnachrichtenregiment einzufinden hätte. Das war eigentlich eine erfreuliche Nachricht, weil ich dann wieder einen ausgefüllten Arbeitstag hätte. Aber der Flirt mit Gunnel hatte gerade erst angefangen – und sie war wirklich ein verdammt hübsches Mädchen.

Als wir dann alle zusammen am Ostufer hinter Percha die Brotzeit auspackten, piekste mich Henri wieder an: »Gunnel oder Anna? Nun sag schon! Soll ich dir ein bißchen behilflich sein?«

Gunnel saß auf den Kieseln, hatte ihre Füße im Wasser und pfiff irgendein Liedchen. Mutter hatte eine große Tischdecke mitgenommen, auf dem Boden ausgebreitet und alle saßen drumherum und langten hungrig zu. Nur Gunnel saß noch am Wasser und pfiff. Ich blickte zu ihr hinüber: Im Badeanzug war sie – sogar von hinten – noch reizvoller. Schon wieder bekam ich dieses Herzklopfen, so wie zu Hause im Flur, als sie »bel ami« zu mir gesagt und mir die Zigarette in die Schlafanzugtasche gesteckt hatte. Soll ich oder soll ich nicht? Die Gelegenheit war günstig. Ich griff ein Stück Käse, stand auf und ging zu ihr hinüber. Sie pfiff noch immer, hörte mich nicht. Als ich hinter ihr stand, streckte ich meine linke Hand vor und hielt ihr die Augen zu: »Mund auf, Augen zu!« Gleichzeitig beugte ich mich etwas über sie, um zu sehen, ob sie auch wirklich den Mund öffnen würde. Erst sah ich, daß sie schmunzelte, aber dann öffnete sie tatsächlich den Mund. Mit der rechten Hand schob ich ihr das Stück Käse hinein, meine linke Hand hatte immer noch ihre Augen verdeckt. Jetzt nahm ich all meinen Mut zusammen und flüsterte ihr ins Ohr: »Bel ami!« Dann ließ ich sie los und setzte mich ganz schnell wieder an unsere »Tafel«. Gunnel stand auch auf, setzte sich ganz unerwartet neben mich und sagte leise: »Dein Käse schmeckt wirklich gut.«

Die anderen hatten unser kleines Techtelmechtel natürlich beobachtet, aber keiner wagte es, in Mutters Anwesenheit irgendwas zu sagen. Nur Henri, der mir gegenüber saß, mußte plötzlich ganz auffällig husten und blickte mich dabei schelmisch aus den Augenwinkeln an.

»Entschuldigung, ich habe mich verschluckt«, meinte er zu Mutter und setzte den harmlosesten Hundeblick auf, zu dem er fähig war. Ich schaute drohend zu ihm hinüber und gab ihm zu verstehen, daß er diesen Blödsinn lassen solle. Ich hatte absolut keine Lust, in dieser Runde bloßgestellt zu werden. Vielmehr schweiften meine Gedanken – obwohl Gunnel so greifbar nahe neben mir saß – schon wieder ab: In drei Wochen war es soweit.

Je näher der 1. September rückte, desto aufgeregter wurde ich. Endlich war es soweit, endlich durfte ich meine Fähigkeiten beweisen, konnte aus dem Schatten treten. Daß dieser 1. September der Kriegsbeginn sein würde, wußte keiner von uns. Aber daß Krieg in der Luft lag, war nicht mehr zu übersehen. Trotzdem hatte ich keine Angst. Vielmehr dachte ich, daß ich als Soldat einfach aufgewertet sein würde, daß die Minderwertigkeit, die ich mir einbildete und die von oben verordnet worden war, damit aufgehoben wäre.

Zwei Tage vor dem magischen Datum ging ich mit Henri, Gunnel, Anna und zwei anderen Studenten abends in den »Alten Wirt« nach Schwabing. Es sollte ein Abschiedsumtrunk werden. Mein Flirt mit Gunnel hatte sich leider nicht wesentlich weiterentwickelt. Ich weiß nicht, ob es an mir lag; vielleicht hatte ich den Kopf zu voll mit der Vorstellung, jetzt bald Soldat zu sein. Der Biergarten im »Alten Wirt« war ziemlich voll. Aber die Stimmung war komisch: so gedrückt, fast apathisch. Überall Männer, die den Einberufungsbefehl in der Tasche hatten und von ihren Frauen oder Freundinnen Abschied nahmen. Aber statt sich sinnlos zu besaufen, wie das hier eigentlich gang und gäbe war, nippten sie alle nur ab und zu an ihren Bierkrügen und brachten kaum ein Gespräch zustande.

An unserem Tisch war das nicht anders. Ich selbst wollte zwar an das Soldatensein ganz anders herangehen und erhoffte mir dadurch eine Aufwertung, aber das konnte ich hier natürlich niemandem vermitteln.

Mobilmachung – darüber hatten uns die Lehrer in der Schule erzählt. Damals, 1914, war das eine euphorische Stimmung, die Leute waren mit Begeisterung dabei. So erzählte man uns in der Schule. Aber hier und heute am 30. August 1939 herrschte das genaue Gegenteil. Es war, als hätten sämtliche Anwesende einen Schlag vor den Kopf gekriegt. Eine so traurige Atmosphäre in einem Biergarten hatte ich noch nie erlebt. Das war natürlich kaum die Stimmung, um vor meiner Abreise noch mal einen Versuch bei Gunnel zu starten. Ich ließ es denn auch bleiben. Wortkarg saßen wir da und nuckelten lustlos an unserem Bier.

Nur Henri hatte noch etwas auf dem Herzen. Er sollte nämlich nach Frankreich zurück, hatte ebenfalls eine Einberufung. Seine Laune war entsprechend. »Hört mal zu«, sagte er nach einer Weile zu den anderen. »Ihr seid unsere Zeugen.« Und dann blickte er mich an. »Gert, wenn eure Wehrmacht auch nach Frankreich kommt, und du bist dabei, vielleicht liege ich dann irgendwo in einem Schützengraben dir gegenüber. Wollen wir uns versprechen, daß wir nicht aufeinander schießen werden?«

An so etwas hatte ich bisher noch gar nicht gedacht,

und es schnürte mir die Kehle zu. Mein Gott, so weit durfte es doch wirklich nicht kommen, daß Freunde aufeinander schießen müssen. Allein der Gedanke an eine solche Situation drückte die Stimmung noch zusätzlich. Aber Henri hatte recht: Dieses Versprechen mußten wir uns geben.

»Ja«, sagte ich, hob mein Glas und blickte in die Runde, »ihr seid unsere Zeugen.«

Dann stieß ich mit Henri an, daß die Gläser schepperten.

»Jawoll, zwischen uns ist Friede. Kein Schuß! Versprochen!«

Die anderen klatschten und stießen ebenfalls mit uns an. Es war eine seltsame, fast makabre Situation.

Mutter und Dorle brachten mich frühmorgens zum Bahnhof. Auf den Bahnsteigen herrschte ein ziemliches Durcheinander. Immer wieder sah man herzzerreißende Abschiedsszenen zwischen Müttern und Söhnen, Ehefrauen und Ehemännern. Keiner wußte, was ihn erwartete. Solch ein sentimentales Getue auf dem Bahnsteig wollte ich nicht. Als wir meinen Zug gefunden hatten, machten wir es ziemlich kurz.

»Junge«, sagte Mutter und umarmte mich, »sei tapfer und komm gesund zurück. Wir denken an dich.«

»Ich werde mein Bestes tun«, sagte ich und versuchte, tapfer zu sein. Ich umarmte Dorle, nahm mein Gepäck und stieg in den Zug. Während ich aus dem Fenster hinauswinkte und der Zug aus dem Bahnhof hinausrollte, dachte ich an Gunnel. Sie hatte gestern am späten Abend an meine Tür geklopft und einen Zettel durchgeschoben: »Bitte komm wieder. Gunnel«. Das hatte mich fast umgehauen. Entsprechend schlecht hatte ich geschlafen. Sie mag mich doch, dachte ich, als der vollbesetzte Zug Richtung Stuttgart rollte.

Daß die Wehrmacht an diesem 1. September 1939 in Polen einmarschiert war, erfuhren wir Rekruten, als wir in Stuttgart angekommen waren. Es sprach sich wie ein Lauffeuer herum. Der »Führer« hatte seine Expansionsdrohungen also doch wahrgemacht. Deshalb die Einberufung. Die Kasernen des Luftnachrichtenregiments, für das ich eingeteilt war, waren bei unserer Ankunft schon derart überfüllt, daß man uns Neuankömmlingen keinen Schlafplatz mehr zuweisen konnte. Wir mußten erst mal auf unserem Gepäck hocken und warten. Überall hektische Betriebsamkeit. Also Krieg, dachte ich. Mein Vater hatte mir ein bißchen vom Ersten Weltkrieg erzählt, aber ich erinnerte mich nur sehr verschwommen. Ich war ja erst vierzehn gewesen, als Vater starb. Viele Einzelheiten hatte er sicherlich nicht erzählt, zumindest nicht in meiner Anwesenheit.

Während ich so dasaß und meinen Gedanken nachhing, wurden wir plötzlich aufgerufen – und wieder nach Hause geschickt. Man hatte offensichtlich viel zu viele Rekruten für dieses Luftnachrichtenregiment eingezogen; für uns war kein Platz mehr. Wenn ich bei der Infanterie gelandet wäre, dann wäre das sicher anders gewesen. Die brauchten Nachschub von Anfang an. Bei der Luftwaffe offensichtlich nicht.

Mein Aufenthalt in Stuttgart hatte gerade zwei Stunden gedauert, dann saß ich wieder im Zug zurück nach München. Meine Gefühle waren geteilt: Einerseits war ich froh, dem »Fronterlebnis« erst mal entkommen zu sein, andererseits wußte ich jetzt gar nicht, wie es weitergehen sollte. Rumzusitzen und auf die nächste Einberufung zu warten, war keine besonders verlockende Aussicht. Verlockend war das Ganze, was sich Krieg nannte, sowieso nicht, aber ich wäre zumindest als Gleicher unter Gleichen anerkannt gewesen, hätte unter Beweis stellen können, daß ich meine Fähigkeiten habe. Es war fast ein Trauma, das seit jener Nacht mit Mutter am Küchentisch immer wieder hochkam: Ich bin nicht derjenige, für die ihr, die ihr die Juden verfolgt, mich haltet! Ich habe damit nichts zu tun! Bin nie Jude gewesen, werde nie einer sein! Aber an wen sollte ich mich mit solchen Appellen richten? Es war kein offizieller Ansprechpartner da, nur die anonyme Partei, der Staat, der Führer – alles Institutionen, für die meine Gedanken sowieso lächerlich und unbedeutend gewesen wären.

Oder sollte ich doch versuchen, das Studium aufzunehmen? Aber da war der Ahnennachweis. Ohne den war es aussichtslos. Ich mußte einen Weg finden, diese Klippe zu umgehen!

Zu Hause in der Hofenfelsstraße 54 angekommen, war natürlich das Erstaunen und die Freude groß.

»Mensch, Junge, was ist los? Daß du wieder da bist! Ich bin ja so froh!«

Mutter schloß mich in die Arme. Ich konnte deutlich spüren, wie ihr ein Stein vom Herzen fiel. Der einzige Sohn in den Krieg gezogen – das hätte ihr doch endlose, schlaflose Nächte bereitet. Henri war nicht mehr da, war unterwegs zu seiner Truppe nach Frankreich. Aber Gunnel. Als sie mich sah, wurde sie fast ein bißchen verlegen. Wir standen uns im Wohnzimmer gegenüber, ich war von der Strapaze des Tages ziemlich kaputt, verschwitzt, müde. Aber als sie da so am Fenster stand, mußte ich an ihren Zettel denken, den sie mir gestern Nacht unter der Tür durchgeschoben hatte.

»Ich bin wiedergekommen«, sagte ich, »sogar sehr schnell. Vielleicht war dein Zettel schuld.«

Gunnel wurde jetzt ein bißchen rot, was ungewöhnlich für sie war. Gerne wäre ich einfach auf sie zugegangen und hätte sie geküßt, aber das traute ich mich dann doch nicht. Ich blinzelte ihr nach eingespielter Manier zu, sie zwinkerte zurück. Ich wußte: Jetzt, wo ich wieder in München war, mußte etwas passieren. Ich mußte meine Scheu aufgeben.

In den nächsten Tagen beriet ich mit Mutter, was ich nun machen sollte – in Sachen Studium. Der Ahnennachweis war nicht zu erbringen, er war aber Voraussetzung für das Stipendium, das ich als Kriegswaise hätte beanspruchen können.

Ich wollte trotzdem versuchen, an die Hochschule zu kommen.

»Wie willst du das machen?« fragte Mutter etwas ungläubig.

»Ich hab da eine Idee«, sagte ich und beschloß, gleich am nächsten Tag zur Einschreibung zu gehen.

Auf dem Rektorat mußte ich erst mal die üblichen Einschreibungsformulare ausfüllen. Ich wollte immer noch Chemie studieren, hatte großes Interesse an allem, was mit stofflichen Zusammensetzungen und chemischen Prozessen zu tun hatte. Als ich die Papiere dann abgab, kam erwartungsgemäß die Frage: »Und wo ist Ihr Ahnennachweis?«

Damit hatte ich gerechnet und zog meinen Wehrpaß aus der Tasche: »Da, schauen Sie her. Ich bin zum Luftnachrichtenregiment einberufen worden. Aber da wollte man mich nicht, weil die Kasernen schon voll waren. Also mußte ich wieder nach München zurück. Die Unterlagen über meinen Arier-Nachweis liegen noch beim Wehrbezirkskommando.«

Ich hatte die Hände in den Hosentaschen und drückte die Daumen ganz fest, daß diese Ausrede geglaubt würde.

»Na«, meinte der Universitätsangestellte und blätterte meine Unterlagen durch, »und das soll ich Ihnen glauben?«

»Sehen Sie doch«, sagte ich und zeigte auf die Eintragungen im Wehrpaß, »wenn die Papiere aus Stuttgart zurück sind, wird das gleich nachgereicht.«

Ein Wehrpaß mit Stempeln und Unterschriften war halt doch ein Dokument, vor dem ein deutscher Beamter oder Angestellter Respekt hatte.

»Also gut, Herr van Laak, bis wir den Ahnennachweis haben, bekommen Sie einen provisorischen Studentenausweis. Aber sorgen Sie dafür, daß bald alles komplett ist.«

Das versprach ich mit der treuesten Miene, die ich aufsetzen konnte, und nahm den Studentenausweis befriedigt entgegen.

Es hatte geklappt. Während ich nach Hause fuhr, blätterte ich nochmal meinen »Retter«, den Wehrpaß, durch:

Wehrnummer: München I/20/11/250/9. Tauglichkeitsgrad: tauglich. Darunter die Unterschrift »Mühlbauer, Kreispolizeibehörde«. Wehrdienstverhältnis: Luftwaffen-Ersatzreserve I. Auf den Führer vereidigt am 27. November 1938 mit RAD-Stammrollen-Nr. 5/302/1063. 2.11.38: Eingestellt mit Dienstgrad Arbeitsmann. Entlassen 25.3.39. Vorzeitig entlassen wegen wirtschaftlichen Notstandes (Vierjahresplan). Entlassungsart: Rückführung in das Erfassungswesen und in das Meldeverfahren als Wehrpflichtiger. Und auf Seite 46 stand noch unter der Rubrik »Nachträge«: Putzgeld RM 5,– erhalten.

Da stand also schwarz auf weiß, daß ich ein tauglicher Wehrpflichtiger war. Was so ein Dokument ausmacht, dachte ich und war ein bißchen stolz auf mich. Ich hatte es geschafft, auch ohne diesen Ahnennachweis. Ob die jemals nochmal danach fragen würden? Die deutsche Bürokratie hatte schon damals eine langsame Gangart, wenn auch manchmal übergründlich. Zumindest aber hatte ich jetzt Zeit gewonnen und konnte mich meinem Studium widmen.

Der nächste Schritt war jetzt, weil Mutter ja unmöglich mein Studium finanzieren konnte, der Eintritt in den nationalsozialistischen Studentenbund und damit das Stipendium vom Staat.

Mit meinem provisorischen Studentenausweis ging ich am nächsten Tag zum Nationalsozialistischen Deutschen Studentenbund und beantragte meine Aufnahme. Die Mitgliedschaft war Grundbedingung für das Stipendium. Ganz entgegen meiner Erwartung war man dort hocherfreut, ein neues Mitglied aufnehmen zu können. Viele Kommilitonen waren durch die Einberufungen zu Kriegsbeginn aus dem Studium rausgerissen worden, die Reihen hatten sich gelichtet. Man war dankbar für jeden Neuzugang und fragte auch gar nicht lange nach. Die Lücken mußten gefüllt werden. Mein provisorischer Ausweis reichte völlig, niemand wollte von mir wissen, ob ich Arier sei. Ich erhielt einen offiziellen Ausweis des NSDStB; ich habe ihn noch heute. Darin steht: »Zum Nationalsozialisten wird man geboren, noch mehr wird man dazu erzogen, am meisten erzieht man sich selbst dazu.« Und: »Deutscher Student, es ist nicht nötig, daß Du lebst, wohl aber, daß Du Deine Pflicht gegenüber Deinem Volke erfüllst.«

Diese gedruckten Paragraphen habe ich damals flüchtig überlesen und nicht ernst genommen, aber wenn ich heute rückblickend lese: »Es ist nicht nötig, daß Du lebst«, dann wird mir ganz anders zumute. Man war damals tatsächlich der Meinung, daß das Leben der Studenten im Grunde gar nicht viel wert war. Hauptsache, sie würden es für das deutsche Vaterland opfern. Aber so weit war ich damals noch nicht, dies in seiner ganzen Tragweite zu begreifen. Ich war nur froh, daß ich jetzt diesen Ausweis hatte und auf Kosten des Staates studieren konnte. Noch eines stand in diesem Ausweis: »Was Du wirst, werde als Deutscher.« Das war eher nach meinem Geschmack. Ich war ja Deutscher, fühlte mich mit diesem Volk verbunden, war Teil davon, hatte nie daran gezweifelt, da gab es gar keine Diskussion. O ja, was ich werde, das werde ich als Deutscher, dachte ich mir und schwor mir insgeheim, diese Zeit der vielleicht schlimmer werdenden Verfolgung der Juden möglichst trickreich durchzustehen. Niemand sollte mir an den Kragen, und meiner Mutter schon gar nicht.

Jetzt konnte ich also endlich anfangen zu studieren. Es machte mir wahnsinnigen Spaß, die Formeln zu lernen, zu experimentieren, Zusammenhänge zu begreifen, einfach die Lebensbausteine dieser Welt, ihre Komponenten nachzuvollziehen, in Ansätzen zu reproduzieren. Endlich, endlich war ich Gleicher unter Gleichen. Niemand wußte von meiner Herkunft, woher auch? Ich war ein Student wie jeder andere. Das tat mir gut. Nicht nur wegen der Anerkennung, sondern auch, weil ich etwas Sinnvolles für mich, für meine Zukunft tun konnte. Mutter und Dorle freuten sich natürlich mit mir. Nur für Gunnel hatte ich jetzt kaum Zeit. Ihr Aufenthalt in Deutschland war begrenzt, sie mußte in zwei

Monaten zurück nach Schweden. Schade. Aber für »Mädchengeschichten« (oder meine Scheu zu überwinden) hatte ich jetzt keine Zeit, das Studium war mir wichtiger. Ich hatte ja so lange darauf gewartet. Ab und zu ging ich zur Kameradschaft ins »Dietrich Eckart« in der Kaulbachstraße, benannt nach dem superdeutschen Dichter.

Aber ein intensives kameradschaftliches Leben war in dieser Studentenverbindung nach Ausbruch des Krieges nicht mehr zu spüren. Die Reihen waren mehr als ausgedünnt, viele waren an der Front. Nachts war München wie ausgestorben. Ich vermißte die ausgelassenen Abende in Schwabinger Kneipen sehr. Aber durch die verordnete abendliche Verdunkelung war München zu später Stunde wie tot.

Nach der Kündigung unserer Wohnung in der Pettenkoferstraße und dem Umzug in die Hofenfelsstraße hatten wir keine weiteren Verfolgungen mehr erlebt, außer der Tatsache, daß die NSDAP plötzlich in diversen Schreiben an meine Mutter einen neuen Vornamen für sie erfand und hinzusetzte: Sara. Für die »Partei« hieß sie seit 1939 »Leonie *Sara* van Laak, geb. Gundersheimer«. Aber das waren zunächst Nadelstiche, die keine existentiellen Auswirkungen hatten.
Seit 1939 gab es gesonderte Lebensmittel- und Kleiderkarten für Juden. Die Ration, die sie zugesprochen bekamen, war gegenüber »Ariern« gekürzt, zum Beispiel bei Butter, Fleisch und Brot. Meine Mutter war davon

nicht betroffen. Ihr Rechtsanwalt Raab konnte erreichen, daß sie als Kriegswitwe und wir als Kriegswaisen und auch »nur« Halbjuden nicht unter diese Regelung fielen.

Fasching in München Anfang 1940 konnte man vergessen. Es war nichts los. Keine Bälle, keine Feste, auch das »Dietrich Eckart« hatte dicht. Dafür fuhren wir Studenten vom Chemie-Studiengang einmal in den Skiurlaub nach Österreich. Es war toll, ich konnte sogar ein paar »Preußen« bei der Abfahrt abhängen. Nach ein paar Tagen kam jedoch ein Telegramm aus München: Die Einschreibungen für das neue Semester sollten früher als geplant beginnen. Und dafür brauchte man noch ein paar Helfer. Die Mitglieder des Studentenbundes waren dabei natürlich die zuverlässigsten Kandidaten. Und so kam es, daß ich zusammen mit vier anderen Kommilitonen vorzeitig den Skiurlaub abbrechen mußte und nach München zurückkehrte. Das war zwar schade, weil ich ein passionierter Skifahrer war und viel Spaß hatte, aber andererseits wollte ich mich auch nicht weigern, weil ich ja mittlerweile ein gleichberechtigtes Mitglied in der parteilichen Studentengemeinde geworden war.

Die Rückberufung nach München erwies sich als Fingerzeig des Himmels oder auch als Treppenwitz der Geschichte. Im Rektorat wurden die Aufgaben verteilt, jeder der Studenten mußte einen bestimmten Verwaltungsvorgang bearbeiten. Und ausgerechnet mir wurde die Aufgabe zuteil, die Arier-Nachweise zu kontrollieren! Es war kaum zu fassen. Jeder Student, der sich einschreiben wollte, mußte mir seinen Ahnenpaß vorlegen. In der Aula waren lange Tische aufgebaut; für jeden Fragebogen ein Tisch, ungefähr neun insgesamt. Die Studenten zogen an diesen Tischen vorbei, zeigten ihr Zeugnis dem einen, ihre Parteizugehörigkeit dem nächsten, Gesundheitszeugnis oder Nachweis des Bezugs verschiedener Fach- und Nazi-Zeitschriften. Ich hatte einen der ersten Tische. Ich mußte also prüfen, ob der Kandidat auch wirklich arischer Abstammung war. Das heißt, der angehende Student mußte nachweisen, daß beide Großelternteile väterlicher- wie mütterlicherseits arisch sind oder waren. Das mußte durch Geburts- und Taufurkunden nachgewiesen werden.

Als ich da in der Aula saß und diese Stempel zu verteilen hatte, überkam mich ein Gefühl des Triumphes. Ich, der ich nur durch Tricks mein Studium erreicht hatte, der ich nirgendwo einen »Freibrief« hatte, sollte jetzt anderen Studenten zu diesem Stempel verhelfen. Ich schaute den Stempel an, den ich zu vergeben hatte: »Arischer Nachweis geprüft«. In einem unbeobachteten Augenblick zog ich meinen eigenen Studentenausweis aus der Tasche und drückte voller Befriedigung diesen Stempel auf die entsprechende Seite. Schnell steckte ich den Ausweis wieder ein und machte weiter.

Im Laufe dieser Einschreibung kamen etwa fünftausend Studenten an mir vorbei. Ich muß zugeben, daß ich mit großer Genugtuung und innerer Befriedigung –

es war ja mein eigenes Schicksal – Gnade vor Recht ergehen ließ. Ich hatte den Schlüssel. Bei etwa fünfzehn Anwärtern, deren Papiere ganz offensichtlich – im Sinne der Nazis – nicht in Ordnung waren, drückte ich ohne Wimpernzucken den Stempel in den Ausweis. Das löste bei den Betreffenden ungläubiges Erstaunen aus. Sie hatten sicher mit Problemen gerechnet, sich vielleicht ähnliche Ausreden überlegt wie ich damals. Aber ich fühlte mich blendend bei dieser Aktion. Warum sollte es denen anders gehen als mir? Ich hatte ja jetzt meinen Stempel: »Arischer Nachweis geprüft«. Es gab gar keinen Grund, anderen armen Zeitgenossen, die in ähnlicher Situation waren, diesen Stempel vorzuenthalten.

# III

# WESTWÄRTS

Mein Studentenleben, das ich – soweit das unter den Kriegsbedingungen möglich war – sehr genoß, war nur von kurzer Dauer. Bereits nach einem knappen Dreivierteljahr wurde ich eingezogen. Während ich eine achtwöchige Ausbildung absolvierte, begann die Wehrmacht am 10. Mai 1940 mit ihren Angriffen auf Holland, Belgien, Luxemburg und Frankreich. Ich ahnte schon, daß dort auch mein Einsatzgebiet sein würde. Unwillkürlich mußte ich an den Abschiedsabend mit Henri im »Alten Wirt« denken. Hatten wir uns nicht versprochen, niemals aufeinander zu schießen? Vielleicht lag Henri ja jetzt schon irgendwo im Schützengraben und wartete auf die Angreifer. Und die Angreifer, das waren wir. Nein, ich wollte lieber nicht so weit denken.

Ich kam am 3. Juni 1940 zu einer Funkmeßbatterie nach Ostende. Mit weiteren fünf Mann wurde ich in einem verlassenen Hotel am Strand dieses Nobelbades einquartiert. Wir hatten die Aufgabe, einen Küstenabschnitt von etwa einem Kilometer Länge zu überwachen. Man rechnete mit Angriffen der Engländer, möglicherweise mit einem Übergriff britischer Landungsboote. In dem menschenleeren Hotel angekommen, nisteten wir sechs uns gemütlich im vierten Stock ein: mit herrlichem Blick auf die Strandpromenade. Wenn jetzt nicht Krieg wäre, dachte ich, dann könnte man hier einen tollen Badeurlaub verbringen. Mit mir aufs Zimmer kam der »Hupfer«, ein besonderes Exemplar von Soldat, mit dem wir noch viel Spaß haben sollten. Hupfer war ziemlich klein geraten, hinkte ein wenig. Nicht, daß wir uns über seine Behinderung lustig gemacht hätten; aber er war vom Typ her einfach zum »Schießen«: quirlig, hektisch, ungeduldig, manchmal auch etwas naiv und ungelenk. Wir verstauten unsere Sachen und gingen dann mit den anderen auf Entdeckungsreise in dem Hotel. Franz, Ludwig, »Mike« und Steffen waren ganz begierig, den »Laden« zu inspizieren, möglicherweise »Beute« zu machen und ein paar nützliche Dinge einzusacken. Hupfer war etwas unsicher: »Nee, Leute, wir wohnen ja hier nur und sollen den Strand beobachten. Keine Räubereien, bitte.«

Wir mußten lachen und zogen ihn mit. Das große Restaurant im Erdgeschoß wirkte fast gespenstisch, so verlassen und ausgestorben. »Hier haben sie gespeist und große Gelage gefeiert, diese Schmarotzer und Volksfeinde, diese feinen Kurgäste«, feixte Ludwig, »aber damit ist es nun vorbei.«

Er ging zur Bar und suchte nach etwas Trinkbarem. Fehlanzeige, alles leergeräumt. »Ach kommt, Jungs«, sagte Hupfer wieder, »wir müssen ja jetzt noch nicht mit dem Saufen anfangen. Wir sind doch gerade erst angekommen. Und außerdem gehört uns das Hotel ja nicht.«

Wir mußten wieder fürchterlich über diesen Hupfer lachen.

»Spinnst du?« prustete Ludwig los. »Wir sind doch

die Besatzer und Befreier, die deutsche Kultur wird auch hier Einzug halten. Und damit fangen wir jetzt an. Kommt, wir schauen mal in den Keller.«

Hupfer war eingeschüchtert, sagte keinen Ton mehr und folgte uns brav. Im Keller machten wir dann eine Entdeckung, die jedes Soldatenherz höher schlagen läßt: zwei Abteile, bis zur Decke vollgestopft mit Wein, Schnaps, Bier, aber auch anderen nützlichen Dingen wie Kämmen, Seife, Waschpulver, Kosmetika, nicht zu vergessen Unmengen von »Verhüterli«. Anscheinend hatte man in diesem Hotel an alles gedacht.

»Hey, das wird ein Fest heute abend«, rief Mike übermütig und griff nach den Weinflaschen. Ludwig interessierte sich mehr für die Kondome, riß eine Packung auf, holte ein Exemplar raus und begann, das Gummi aufzublasen. »Mal seh'n, wer schneller ist«, prustete Mike und entkorkte eine Weinflasche. »Bottle leer oder Nahkampfsocken geplatzt. Wetten, daß du keine Chance hast?«

Ludwig blies und blies, Mike ließ den Rotwein nur so runterlaufen. Das Kondom erreichte die Ausmaße eines mittleren Kürbis. Franz und Steffen feuerten Mike an, während Hupfer und ich mehr Sympathien für den Bläser hatten. Hupfer taute plötzlich richtig auf. Aber Mike machte das Rennen. Der letzte Schluck Rotwein verschwand in seiner Kehle. Das Gummi hatte zwar exorbitante Dimensionen erreicht, aber platzen wollte es immer noch nicht. »Gewonnen!« triumphierte Mike und setzte die leere Flasche ab.

»Wir haben gar keinen Wetteinsatz vereinbart«, fiel ihm dann ein. »Also ich würde sagen, wenn ich mal einen Nachteinsatz habe, übernimmst du den, und ich kann ausschlafen.«

Ludwig machte eine saure Miene und nickte nur. Er holte noch mal tief Luft, blies mit vollen Backen in das Gummi, und endlich, endlich zerplatzte es. »Gute Qualität«, keuchte Ludwig, »sollten wir uns mit eindekken.« Er packte sich gleich die Hosentaschen voll.

»Mensch, was die hier alles zurückgelassen haben«, rief Mike und ging die Regale entlang. »Wahnsinn! Also Jungs, wenn ich das richtig verstehe, ist das hier ein Selbstbedienungsladen. Jemand was dagegen?«

Seine Augen blitzten verschmitzt, während er wieder in das Weinregal griff und abräumte. Wir anderen ließen uns das nicht zweimal sagen und waren mit dabei: Vollbepackt verließen wir den Keller und schleppten unsere Beute auf die Zimmer. Der Abend war gerettet. Es wurde verdammt feucht-fröhlich. Ein guter Einstand, dachte ich, hatte allerdings morgens mit Kopfschmerzen zu kämpfen. Aber dafür gab's ja Gegenmittel – vorsorglich ebenfalls aus dem Keller »konfisziert«. Die ersten Tage in Ostende waren also gar nicht deprimierend, sondern eher beschwingt.

Am Strand tat sich gar nichts, alles war ruhig. Nur in unseren Köpfen und Mägen rumorte und hämmerte es. Aber diese Begleiterscheinungen unseres »Einstands« ertrugen wir tapfer; es gab sicher Schlimmeres. Hupfer allerdings benahm sich immer noch wie eine kleine

»Memme«: zurückhaltend, ängstlich und scheu. Dabei war er als derjenige angetreten, der unbedingt Karriere machen wollte. »Beförderung« – dieses Wort aus seinem Munde ließ uns immer wieder heimliche Blicke austauschen und innerlich grinsen; er sollte seine »Beförderung« schon erhalten. Nach einer Woche langweiliger Strandwache kam beim morgendlichen Appell eine unerwartete Nachricht: eine Hiobsbotschaft, die sofort unsere Hirnzellen mobilisierte.

»Ab heute abend«, verkündete der diensthabende Offizier, »ist die Marketenderei wieder für Einkäufe der Mannschaft geöffnet.« Und er beschrieb dann auch noch, wo diese Marketenderei zu finden sei: im Keller unseres Hotels! Verflixt, dachte ich, da haben wir ja wohl völlig danebengegriffen, das waren gar nicht die Vorräte des Hotels, sondern Einlagerungen für die Truppe. Neben mir stand Hupfer; ich konnte genau spüren, wie ihm das Herz in die Hose sackte. Auch Mike und Ludwig schauten nicht gerade begeistert. Wie sollten wir die Lücken in den Regalen wieder auffüllen? Kämme oder Rasierapparate konnte man ja einfach wieder zurücklegen, aber was war mit den leeren Flaschen?

Nach dem Appell hielten wir Kriegsrat.

»Wir sollten einfach alles beichten«, sagte Hupfer verängstigt.

»Das kommt gar nicht in Frage«, meinte Ludwig. »Es kommt alles wieder zurück.«

»Dein Jahresvorrat an Nahkampfsocken aber dann auch«, stichelte Mike.

»Ja, ja, ist schon gut«, erwiderte Ludwig mürrisch. »Nur mit den Flaschen müssen wir uns was einfallen lassen. Aber Gert und Franz werden das schon machen.«

Wir beide waren erst für die Nachmittagsschicht eingeteilt.

Franz und ich sammelten in den Zimmern die verstreute Beute wieder ein. Besonders genüßlich kramten wir Ludwigs Kondom-Batterie aus dem Schrank. Drei halbleere Schnapsflaschen schauten uns mitleidig an. »Komm, nehmen wir noch'n Schluck, bevor es zu spät ist«, meinte Franz und setzte eine der Flaschen an. »Nee, danke, nicht so früh am Morgen«, sagte ich und sammelte weiter leere Weinflaschen. Franz ging zum Waschbecken und füllte die Schnapsflaschen mit Wasser auf. »Das wird den Jungs gut tun. Ist sowieso nicht so gesund, der viele Alkohol. Mahlzeit.« Er rülpste laut.

Unsere »eroberten Schätze« waren so umfangreich, daß Franz und ich dreimal gehen mußten, um alles wieder an seinen Platz zu bringen. Die angebrochene Packung »Verhüterli« versteckten wir ganz hinten im Regal, ebenso ein paar leere Weinflaschen. Vier Flaschen ließen wir auf den Boden fallen; es sollte so aussehen, als seien sie aus dem Regal gefallen. Die »verwässerten« Schnapsflaschen ordneten wir so ein, daß sie nicht sofort ins Auge fielen. Die bereits benutzten Seifenstücke konnten wir natürlich nicht zurücklegen und hofften, daß niemand nachzählen würde.

Unsere Vertuschungsaktion muß so perfekt gewesen

sein, daß niemandem der Gedanke kam, hier hätte sich jemand selbst bedient.

Abends schrieb ich einen Brief an Mutter. Es war den Soldaten verboten, irgendwelche Mitteilungen über den jeweiligen Standort zu machen. Wegen der Zensur hatte ich deshalb mit Mutter eine Geheimsprache vereinbart: Die Buchstaben, die sie zu Wörtern zusammensetzen sollte, piekste ich mit einer Stecknadel durch. Mit bloßem Auge war das kaum zu erkennen, aber wenn man das Blatt Papier gegen das Licht hielt, konnte man die winzigen Löcher gut sehen. Ich schrieb also: »Liebe Mutter, heute morgen fing es zu regnen an, aber gegen Mittag hörte es schon wieder auf. Jetzt sitze ich auf meinem Zimmer, trinke ein Glas Wein und bin ziemlich müde. Trotzdem sollst Du noch ein paar Zeilen von mir bekommen. Geht es Euch gut? Ihr fehlt mir sehr. Für heute ganz liebe Grüße, vielleicht schreibe ich morgen noch ein bißchen weiter. Euer Gert«.

So hatte ich also meinen Standort mitgeteilt und Mutter gleichzeitig zu erkennen gegeben, daß sie sich keine Sorgen zu machen brauchte.

Die Angriffe der Engländer waren zwar noch nicht massiv, aber kamen ziemlich regelmäßig jede dritte oder vierte Nacht. Auf unserer Seite hieß es, Hitler wolle nun endlich über den Ärmelkanal. Unsere Vermessungsbatterie wurde immer wieder in umgebaute rheinische Schleppkähne verladen und fuhr ein, zwei Kilometer aufs Meer hinaus. Jedesmal dachten wir: Jetzt wird's ernst.

Etwas mulmig war uns schon, als wir da Richtung England schipperten. Aber es waren nur Übungen, wie sich hinterher herausstellte. Bis September wurde dieses Manöver mindestens fünfzehnmal geprobt, und jedesmal stellten wir uns die Frage: Ist das wieder nur eine Übung, oder geht's jetzt wirklich los? Im Oktober hatte Hitler dann offensichtlich seine Invasionspläne aufgegeben, jedenfalls wurden diese Manöver eingestellt.

Gleichzeitig mußten wir unsererseits natürlich jederzeit mit einem Landungsversuch der Engländer rechnen. Hupfer war ganz scharf darauf, derjenige zu sein, der den Feind nachts als erster entdeckte. »Da bekomme ich doch sicher einen Orden!?« sagte er immer wieder und meinte das absolut ernst. Wir mußten grinsen und beschlossen hinter seinem Rücken, ihn mal so richtig »auflaufen« zu lassen.

»Also irgendwie habe ich den Eindruck, daß die Engländer in den letzten Tagen verstärkt Aufklärungsflüge durchgeführt haben, mehr als sonst«, sagte ich zu ihm. »Da ist was im Busch, wahrscheinlich schon heute nacht.«

»Was? Ehrlich?« Hupfer wurde ganz nervös. »Mist, und ich hab keine Wache. Das wär doch die Gelegenheit! Wie mach ich das bloß? Ich muß diese Wache kriegen!«

Er hatte voll angebissen und lief zum zuständigen Unteroffizier. Er muß ihn mit Engelszungen bearbeitet haben, denn nach zehn Minuten kam er triumphierend zurück: »Juchhu, ich hab die Wache, ich hab sie! Jetzt kann's losgehen! Her mit den Engländern! Denen werd ich's zeigen!«

Wir machten gute Miene zum bösen Spiel, setzten unser unschuldigstes Gesicht auf und wünschten ihm viel Glück.

Auf unserer Etage und auch draußen auf den Balkonen hatten die Belgier unzählige Luftschutztüten mit Sand gestapelt, als Schutz gegen Fliegerangriffe der Deutschen. Mit ihrer Verbarrikadierung waren sie aber wohl nicht ganz fertig geworden, jedenfalls lagen zahllose leere Tüten rum. Jeder von uns schnappte sich zwei. Unten auf der Promenade marschierte Hupfer mit seinem Gewehr und wartete auf die Engländer. Wir mußten uns zusammenreißen, um nicht laut loszulachen. Die leeren Tüten füllten wir mit Wasser und banden sie oben zu. »Seid ihr angriffsbereit?« rief Mike vom Balkon aus ins Zimmer herein.

»Moment noch, gleich haben wir's.« Ich band meine zweite Tüte schnell zu, und zu fünft standen wir dann am Balkongeländer und verhielten uns mucksmäuschenstill. Alle fünfzehn Minuten kam Hupfer unten am Hotel vorbei. Ludwig stieß mich an und zeigte mit dem Kopf nach links. Ja, jetzt kam er. Mit erhobenem Haupt marschierte er die Strandpromenade entlang. Wenn sein Hinken nicht gewesen wäre, hätte man fast sagen können, er stolzierte. Es muß für ihn ein wahnsinnig erhebendes Gefühl gewesen sein, gerade heute nacht diesen Job bekommen zu haben. Immer wieder blickte er zum Meer hinaus, aber es tat sich nichts. Jetzt war er genau unter uns. »Wartet noch«, flüsterte Mike. Als Hupfer zehn Schritte weiter war, nickten wir uns zu: »Los!« Und voller Elan schleuderten wir die zehn Wassertüten vom vierten Stock hinunter auf den Asphalt. Es knallte wie bei einem Angriff. Was würde Hupfer machen? Das war das einzige, was uns interessierte. Er war so fürchterlich erschrocken, daß er sich mit einem Hechtsprung in die Dünen rettete und ein paar Schüsse in die Luft abgab. Wir mußten schreien vor Lachen und konnten uns gar nicht mehr einkriegen. Der Hupfer, jetzt hatte er »Feindberührung« gehabt. Er kam aus den Dünen hervorgekrochen, entdeckte die aufgeplatzten Tüten vor dem Hotel, die Pfützen.

»Hast du sie in die Flucht geschlagen?« rief Mike prustend hinunter.

Hupfer blickte böse zu uns herauf: »Saubande!«

Wir hielten uns immer noch den Bauch vor Lachen. »Der Orden ist dir sicher!« rief ich ihm noch nach. Er war schon wieder unterwegs, mußte ja die Patrouille fortsetzen.

Von den Vorgängen in Deutschland erfuhr ich während dieser Zeit so gut wie nichts. Ob und wie die Judenverfolgung weiterging, ob Mutter wieder attackiert wurde, wie die Situation in München war – ich konnte es nicht in Erfahrung bringen. Wie auch? In ihren Briefen schrieb Mutter nichts darüber; entweder empfand sie es als zu gefährlich, oder sie wollte mich nicht damit belasten. Sicher versuchte sie, mit Hilfe ihres Anwalts alle Angriffe abzuwehren.

Am 13. August wurde unsere Einheit nach Roubaix in Frankreich verlegt. Das war sozusagen unser »Winterquartier«. Im Gegensatz zu Belgien, wo wir von den Flamen fast freundschaftlich aufgenommen und behandelt worden waren – sie sahen in uns die Befreier von den Wallonen –, war die Bevölkerung hier in Nordfrankreich sehr abweisend. Kontakt zu französischen Familien zu bekommen war so gut wie unmöglich. Ich versuchte es einige Male, ohne Erfolg. Wir waren eben die Besatzer. Dabei sehnte ich mich danach, außerhalb der Welt der Uniformen auch mit »normalen« Zivilisten zu tun zu haben. Der Kasernenalltag war langweilig genug. Morgens um acht mußten wir antreten, dann wurde auf dem Sportplatz exerziert, anschließend taten wir Dienst an den LKWs und anderen Militärfahrzeugen. Zwischendurch Vermessungsübungen, dann mußten wir die Posten an der Küste mit Verpflegung versorgen. Irgendwie gab es immer etwas zu tun, aber manchmal kam es mir vor wie Beschäftitungstherapie. Immer das gleiche, Tag für Tag. Um fünf war Feierabend.

Ich schrieb einen Brief an Mutter und teilte ihr meinen neuen Standort mit. In unserer vereinbarten Geheimschrift bat ich sie dann noch, mir ein paar Schachteln Zigaretten zu schicken. Für sie packte ich ein Pfund Bohnenkaffee ein; den konnte man hier noch kaufen. Wir selbst tranken ja den berühmten Muckefuck, den Kathreiner-Malzkaffee. So schlecht war der gar nicht. Aber für Mutter sollte es schon richtiger Kaffee sein; ich wußte ja, wie gern sie ihn trank.

Wir wohnten in okkupierten Häusern. Ich teilte das Zimmer mit einem Hamburger, den wir auch so nannten: »Hamburger«. Er war verheiratet und schrieb seiner Frau regelmäßig glühende Liebesbriefe. Ich fand das rührend. Mein Bild von ihm geriet indes schnell ins Wanken. Er bat mich eines Tages, doch nach Dienstschluß bitte nicht gleich nach »Hause« zu kommen.

»Tust du mir den Gefallen und kommst erst um halb acht? Ich hätte gerne das Zimmer ein bißchen für mich alleine.«

Mir war natürlich klar, was er mit »alleine« meinte: »zu zweit alleine«. Offensichtlich hatte er irgendwo ein Mädchen aufgerissen. Ich tat ihm den Gefallen, ging zweieinhalb Stunden spazieren. Aber irgendwie war ich von ihm enttäuscht. Wie konnte er sowas machen? Er war doch glücklich verheiratet, erzählte abends oft von seiner Frau und schrieb Briefe.

Auch wenn Mutter mich mit schlechten Nachrichten aus der Heimat verschonte, ging die Verfolgung der Juden doch weiter. Von den ersten, 1940 eingerichteten Ghettos für Juden, von den Konzentrationslagern erfuhr ich erst später. Nicht bewußt war mir ebenfalls, daß jetzt auch Halbjuden ins Visier der Nazis gerieten. Das Rassenpolitische Amt der NSDAP, Gau München-Oberbayern, schrieb in einem Tätigkeitsbericht am 14. Oktober 1940:

»... Die heutige Beanspruchung unserer Sprechstunde durch Juden und Mischlinge hat uns schon vor längerem veranlaßt, außer der Juden- auch eine Mischlingskartei anzulegen ...

Da es sich nicht selten um den Versuch der Verschleierung des Grades der jüdischen Abstammung handelt, ist die Gestaltung einer solchen das Reich umfassenden Mischlingskartei von besonderem Wert. – Hierbei werden also nicht nur Juden zu erfassen sein, die als Mischlinge 1. Grades erscheinen, sondern auch Mischlinge 2. Grades, die als deutschblütig auftreten möchten.«

Zu diesen Mitteilungen nahm das Rassenpolitische Amt der Reichsleitung der NSDAP am 5. Dezember 1940 Stellung: »Die von Ihnen in Aussicht genommene Mischlingskartei ist zu begrüßen. Soweit uns bekannt ist, wird auch beim Rassenpolitischen Gauamt in Köln eine derartige Kartei geführt ... Vertraulich möchten wir nur darauf hinweisen, daß die Tendenz bezüglich der zukünftigen Behandlung der jüdischen Mischlinge 1. Grades klar dahin verläuft, sie schlechter als bisher zu stellen. Es ist nicht ausgeschlossen, daß nach Kriegsende eine Gleichstellung mit Volljuden erwogen wird.«

Wahrscheinlich hatte man mich, ohne daß ich es ahnte, ebenfalls in diese Kartei aufgenommen. Beim Wehrkreis und in meiner Stammrolle war ja eingetragen, daß ich Halbjude war.

Unser größter Feind in Nordfrankreich war die Langeweile. Weil der Kontakt zur einheimischen Bevölkerung nicht möglich war, kamen wir eines Abends auf die Idee, einen Brief nach Feldafing zu schreiben. Feldafing liegt bei München, und ich wußte, daß es dort ein Mädchen-Lyzeum gab, ein Internat für höhere Töchter.

»Paßt mal auf, Jungs«, sagte ich zu Hupfer und Ludwig, die im Nebenzimmer wohnten, »wir schreiben ganz einfach an die Schulleitung, daß wir drei junge Soldaten sind, die kaum Kontakt mit Zuhause haben, und daß wir an der französischen Küste sitzen und Deutschland vor einer Invasion der Engländer beschützen. Das müssen wir ganz wehleidig machen, so richtig auf die Tränendrüse.«

»Tolle Idee«, sagte Ludwig, »der Rektor soll den Brief ans Schwarze Brett hängen, damit alle Mädels ihn lesen.«

»Juchhu«, frohlockte Hupfer und hüpfte durchs Zimmer, »jetzt tut sich ja mal was.«

Wir schrieben also den Brief an den Rektor des Mädchen-Lyzeums in Feldafing; ich durfte ihn ins Reine schreiben, weil ich die beste Handschrift hatte. Wir wollten den jungen Damen ja imponieren.

Nach drei Wochen kamen die ersten Antworten. Eine Eva, eine Maria, eine Marianne, eine Susanne und eine Monika schrieben an unsere Feldpostnummer. Wir hatten den Brief ja alle drei unterschrieben. Wer würde die größte Resonanz haben? Bei den ersten fünf Briefen, die ankamen, war das Verhältnis eindeutig: Hupfer und Ludwig bekamen je einen Brief, mir waren gleich drei zugedacht. Aber das war nur am Anfang so. Es kamen immer mehr Briefe, und schließlich hatte jeder von uns dreien ungefähr zehn Zuschriften aus Feldafing. Jetzt war's mit der Langeweile vorbei. Besonders Hupfer fühlte sich bestätigt, weil er sonst mit Mädchen so seine Schwierigkeiten hatte. Er glaubte, daß er wegen seiner leichten Gehbehinderung keine Chance hätte. Er wurde richtig euphorisch, wedelte mit den Briefen: »Das ist es, das ist es! Hier! Die wollen was von mir!«

Er war so aus dem Häuschen, daß er durch den Gang lief und die Briefe einzeln abküßte. Wir gönnten es ihm, obwohl Ludwig sich eine kleine spitze Bemerkung nicht verkneifen konnte: »Du kriegst noch mal deinen Orden. In Ostende hat's ja nicht geklappt. Aber vielleicht machst du bei den Mädels in Feldafing ja was wett.«

Hupfer schaute etwas geschmerzt, war aber viel zu aufgedreht, als daß ihn dieser Einwurf hätte irritieren können. Er verzog sich in sein Zimmer und begann, Antwortbriefe zu schreiben.

Auch ich sichtete meine Beute. Komischerweise wollten einige der Briefschreiberinnen wissen, wer aus dem Lyzeum denn noch geantwortet habe. Offensichtlich wollten die Damen schon im Vorfeld mögliche Konkurrentinnen »ausschalten«. Irgendwie gefiel mir das; als Empfänger dieser Briefe war ich in der besseren Position und konnte ganz genüßlich und in Ruhe auswählen. Einige Mädchen hatten ein Foto beigelegt. Neben der Beurteilung der Handschrift war ein Bild natürlich das beste Kriterium, wer in die engere Auswahl kommen würde. Ich entschied mich zunächst für Eva und Angelika. Eva hatte geschrieben: »Nachdem Euer Brief an unserem Schwarzen Brett hing, weiß ich natürlich nicht, wer noch alles geschrieben hat. Wenn Du einer anderen schreibst, sag bitte nicht, daß Du von mir auch einen Brief bekommen hast.« Das fand ich liebenswert und sympathisch-schüchtern, so daß ich beschloß, ihr zurückzuschreiben. Die zweite, Angelika, fiel mir durch den außergewöhnlichen Satz auf: »Ich schreibe dir unter der Bettdecke und möchte dich gerne kennenlernen.« Der Satz war wahrscheinlich nicht so gemeint, aber ich empfand ihn als erfrischend zweideutig. Also bitte, auch Angelika sollte einen Antwortbrief erhalten.

Die Korrespondenz mit Feldafing war nur eine unserer Freizeitbeschäftigungen. So viel Zeit nahm sie ja nun auch nicht in Anspruch, und wegen der langen Laufzeiten der Briefe mußten wir uns daneben noch ein paar andere Betätigungen suchen. Der Heeresführung war wohl ebenfalls klar, daß die Truppe bei andauernder Langeweile demoralisiert und demotiviert werden würde. Deshalb gab es auch bei uns einen ganz offiziellen Militärpuff, so wie in jeder anderen Garnisonsstadt. Hier wurde sozusagen unter Aufsicht gebumst. Die Aufsicht betraf die Damen und ihre Freier gleichermaßen. Die Liebesdienerinnen mußten sich regelmäßig von Militärärzten untersuchen lassen. Und auch unsere Jungs kamen nicht darum herum, nach erfolgtem Besuch des Etablissements den Arzt aufzusuchen; das war Pflicht. Denn es hieß, daß die »Resistance« in ihrem Bestreben, die deutschen Truppen kampfunfähig zu machen, auch zur »Waffe« versyphter Frauen griff: Sie schleuste syphiliskranke Prostituierte in die deutschen Militärpuffs ein und erhoffte sich dadurch eine Schwächung des Gegners. Das war gar nicht mal unklug, denn viele der Kameraden standen dort fast jeden zweiten Tag auf der Matte. Einige haben sich dann wirklich angesteckt und wanderten für ein paar Wochen in den Arrest, weil sie sich nach dem »Vollzug« nicht unmittelbar vom »Sanitätsuffz«, dem Feldscher, hatten untersuchen lassen.

Ich hatte mich lange gesträubt, in ein Bordell mitzugehen. Sexuelle Erfahrungen hatte ich noch nicht und wollte dafür auch kein Geld ausgeben. Für die zehn Mark wollte ich lieber Mutter ein paar Pfund Kaffee schicken. Irgendwann ließ ich mich dann doch von Hamburger und Ludwig überreden. Der Hamburger hatte sein Mädchen schon wieder verlassen und suchte nur noch das unverbindliche Vergnügen.

Seiner Frau schrieb er nur noch selten. Das betrübte mich, weil er am Anfang so überschwenglich und voller Liebe von ihr gesprochen hatte. Aber der Soldatenalltag veränderte vieles, auch in den Hirnen und Herzen der Beteiligten.

Meine Zeit in Frankreich war im Mai 1941 zu Ende, ich wurde zu einer Beobachtungsabteilung nach Ostpreußen geschickt. Warum Ostpreußen? wunderten wir uns. Aber die Gerüchte über einen bevorstehenden Angriff auf die Sowjetunion kursierten bereits, und mir war klar, daß wir dort in Stellung für den Vormarsch gebracht werden sollten. Ich hielt immer noch Kontakt zu zwei Mädchen in Feldafing, auch wenn der Abstand zwischen den Briefen immer größer wurde. Mutter schrieb ich regelmäßig. Und freute mich jedesmal, wenn sie ihren Päckchen auch ein paar Schachteln Zigaretten beilegte. Über meinen neuen Standort in Ostpreußen informierte ich sie mit Hilfe unserer bewährten Geheimschrift.

Mein Aufenthalt an dem neuen Standort dauerte allerdings nur neun Tage, vom 18. bis 27. Mai. Irgend jemand mußte durch Zufall bei meinem Wechsel aus Frankreich meine Papiere etwas genauer studiert haben. Jedenfalls wurde ich nach einer Woche zum Diensthabenden gerufen. Er blickte mich erstaunt an: »Sie sind doch Namensträger! Wieso sind Sie hier?«

Ich tat so, als verstünde ich nichts, obwohl ich genau wußte, worum es ging: Als einziger Sohn einer Familie, dessen deutscher Vater bereits für seine Heimat gestorben war, mußte ich das »rassische Erbe« und den Namen der Familie erhalten und durfte nicht auf dem Schlachtfeld sterben. Daran änderte offensichtlich auch die jüdische Herkunft meiner Mutter nichts. Ich tat so, als wüßte ich nichts von diesen Bestimmungen, und protestierte dagegen, daß ich nach Hause geschickt werden sollte. Denn die Gefahr für Mutter war ja nicht gebannt. Wenn man in München erkennen würde, daß ich als deutscher Soldat meine Pflicht tue, würde man vielleicht auch Mutter in Ruhe lassen. Aber meine Proteste halfen nichts, ich wurde nach München zurückgeschickt. »Namensträger« – dieses Wort konnte nur einem hundertprozentig deutschen, »rassisch geschulten« Beamten eingefallen sein.

Das Jahr 1941 brachte weitere Verschärfungen der Judenverfolgung. In München wurden die Juden von öffentlichen Anlagen wie Englischer Garten, Botanischer Garten, Nymphenburger Schloßpark, Hofgarten, Maximiliansanlagen und Tierpark Hellabrunn ausgeschlossen. Am 1. September verfügte eine Polizeiverordnung, daß alle Juden, die älter als sechs Jahre waren, den Judenstern tragen mußten. Mutters Anwalt hatte erreicht, daß sie den Judenstern nicht tragen mußte.

Von den Vergasungen der Juden in den Vernichtungslagern ab 1941 wußten wir nichts, hörten nur Gerüchte. Die »Abschiebungen«, wie der Abtransport in die Vernichtungslager verharmlosend umschrieben wurde, erfuhren jedoch nun eine gewisse Systematik. Dies wurde ausgelöst durch ein Dekret des Reichsministers der Finanzen vom 4. November 1941: »Juden, die nicht in volkswirtschaftlich wichtigen Betrieben beschäftigt sind, werden in den nächsten Monaten in eine Stadt in den Ostgebieten abgeschoben. Das Vermögen der abzuschiebenden Juden wird zugunsten des Deutschen Reiches eingezogen. Es verbleiben den Juden 100 RM und 50 kg Gepäck je Person. Die Abschiebung hat schon begonnen in den Gebieten der Oberfinanzpräsidenten: Berlin, Hamburg, Weser-Ems in Bremen, Kassel, Köln, Düsseldorf ...« Und: »Die Abschiebung wird von der Geheimen Staatspolizei (Gestapo) durchgeführt. Die Gestapo sorgt auch für die Sicherstellung des Vermögens. Die Juden, deren Abschiebung bevorsteht, haben der Gestapo Vermögensverzeichnisse nach bestimmtem Vordruck einzureichen.« Diese Vordrucke sollten wir später kennenlernen.

Gängelung und Drangsalierung auf der einen Seite, Vorbereitung auf die »Abschiebung« auf der anderen Seite. Die Wohnungsgesetze hatten es den Hausbesitzern ja leicht gemacht, ihre Anwesen »judenfrei« zu machen. Wohin aber mit diesen Vertriebenen? Es entstand eine eigene Judensiedlung, nicht aus eigenen Stücken, sondern von oben verordnet. Man baute in Milbertshofen, ganz genau in der Knorrstraße 148, achtzehn Holzbaracken, um die Juden dort »aufzufangen«. Diese Siedlung wurde im Herbst 1941 fertig. Sie hatte Platz für elfhundert Personen und war zunächst als Ghetto zur besseren Kontrolle der Juden gedacht, später erwies es sich als Kontroll- und Durchgangslager für die Deportation.

Der erste größere Abtransport Richtung Osten erfolgte am 20. November 1941. In den Zugwaggons befanden sich fast eintausend Menschen, die zwangsweise einer mehr als düsteren Zukunft entgegenrollten.

Als mir eröffnet wurde, daß ich als »Namensträger« wieder nach München zurückkehren müßte, war ich sehr deprimiert. Wir waren ja hier stationiert worden, um gegen Rußland anzutreten, was wir aber damals nur ahnten. Nicht, daß ich aus prinzipiellen Erwägungen heraus etwas gegen das russische Volk gehabt hätte, aber ich fühlte mich als Deutscher in erster Linie meinem Vaterland und meiner Mutter verpflichtet: Durch mein Soldatsein, so glaubte ich, konnte ich ihr einen gewissen Schutz bieten.

Wir befanden uns in Nordenburg, an der litauischen Grenze. Es kursierten die wildesten Spekulationen: Vielleicht sollten wir in versiegelten Waggons durch Rußland rollen bis zur Türkei, um von da aus eine Zangenbewegung nach Afrika zu vollführen: Rommel sollte entlastet werden. Dieser Gedanke schien aber doch sehr phantastisch. Wir ersonnen immer neue Theorien, was mit uns passieren sollte. Daß wir hier tatsächlich nur zu dem einzigen Zweck positioniert wurden, um die Sowjetunion zu überfallen, glaubten ernsthaft nur die wenigsten.

Kurz vor meiner Abreise gelang es mir, eine weitere Hürde im Versteckspiel trickreich zu überwinden. Aus der Kriegsstammrolle der Soldaten wurde immer nur ein Auszug an die Front übermittelt, in der der Arier-Nachweis nicht enthalten war. Deshalb mußte jeder Soldat einen Fragebogen ausfüllen. Darin mußte er eidesstattlich versichern, daß er arischer Abstammung ist. In einem Merkblatt wurde darauf hingewiesen, daß man mit der Todesstrafe zu rechnen habe, wenn man falsche Angaben mache. Auf diese Weise wollte man »versteckte Juden« aufspüren. Aber wer hätte schon sich selbst ans Messer geliefert? Wer darauf spekuliert hatte, aufgrund einer Eingabe als »nicht arisch« zurückversetzt zu werden, lief ja Gefahr, tatsächlich zum Tode verurteilt zu werden. Also blieb auch mir gar nichts anderes übrig, als auf die Frage »Arisch?« mit »Ja« zu antworten. Das war natürlich äußerst gefährlich, denn wenn man nachgeforscht hätte, wäre die Wahrheit sehr schnell zum Vorschein gekommen.

Ein paar Tage nach Beantwortung des Fragebogens wurde ich zum wachhabenden Unteroffizier eingeteilt, Dienst in der Wachstube. Es war ein Schreibdienst wie in der heimischen Kaserne und dauerte zwei Tage. Zeit genug, um mir einen Überblick zu verschaffen, wo welche Papiere lagen. Bald hatte ich das Register ausfindig gemacht, in dem die Fragebögen der Soldaten einsortiert waren. In einem unbeobachteten Moment zog ich die Ordner raus und suchte im Alphabet nach meinem Namen. Ich fand den von mir ausgefüllten Bogen sehr schnell, riß ihn heraus und steckte ihn ein.

Die »Demission« war endgültig. Ich fluchte auf die Bestimmungen bezüglich der Namensträger und schwor mir, so schnell wie möglich wieder meinen Platz als Soldat einzunehmen, um so meiner Mutter einen gewissen Schutz zu bieten. Mutter und Dorle freuten sich natürlich, daß ich wieder zu Hause war. Andererseits war aber die Sorge deutlich zu spüren: Was würde die Zukunft bringen? Im Moment war es zwar »ruhig«, man ließ Mutter in Frieden, aber das konnte sich ja schnell ändern.

Ich wohnte mit Viktor, einem Medizinstudenten aus Kiel, zusammen auf einem Zimmer. Über seinem Bett hatte er ein Gemälde mit einer nackten Frau aufgehängt. Mich störte das nicht, dafür um so mehr unsere Zugehfrau Leni. Mutter hatte sie inzwischen zum Saubermachen der Zimmer engagiert. Sie war eine Frau aus einfachen Verhältnissen, etwa Ende dreißig. Sie verrichtete ihre Arbeit pflichtbewußt und einigermaßen ordentlich, aber immer wenn sie in unser Zimmer kam, erschrak sie wohl beim Anblick der nackten Frau an der Wand. Sie war so bigott, daß sie das Bild jedesmal mit einem großen Stück Stoff verhängte, bevor sie das Zimmer aufräumte. Viktor und ich mußten darüber herzlich lachen.

Ich machte in der Ersatzabteilung Dienst und bildete als Gefreiter ein paar Leute aus: Kanoniere, die gerade eingezogen worden waren. Mein »Standort« war die Schleißheimer Straße, zehn Minuten mit dem Fahrrad entfernt. Ich hatte acht bis zehn junge Männer zu unterrichten: Wie wirft man sich richtig auf den Boden, robbt sich vor, wie hält man dabei das Gewehr? Deckung suchen, sich wieder aufrappeln. Schießübungen gehörten natürlich genauso zu dem Ausbildungsprogramm. Es war ein Kurzlehrgang für Soldaten, die demnächst an die Front sollten. Ich fühlte mich zwar als »erfahrener Soldat«, der den Jungs einiges mitgeben konnte, bedauerte aber auch insgeheim, daß sie vielleicht bald zu Kanonenfutter werden würden. Ich versuchte, diese Gedanken zu verdrängen.

Der »Job« in der Schleißheimer Straße war nicht sonderlich aufreibend. Ich hatte nebenher viel Zeit, »blau« zu machen. Nachmittags verdrückte ich mich oft: »Jungs«, sagte ich zu den Kameraden in der Wachstube, »ich bin weg. Ihr wißt ja, wo ihr mich erreicht. Wenn was ist: Ich bin gerade austreten.«

Dann schwang ich mich aufs Fahrrad und fuhr nach Hause. Im ungünstigsten Fall bekam ich dann irgendwann einen Anruf, daß jemand nach mir gefragt hatte. Aber meist hatte ich meine Ruhe und konnte mir einen faulen Nachmittag machen.

Nach einigen Wochen wurde ich wieder mal als Unteroffizier vom Dienst eingeteilt, und damit hatte das geruhsame Leben für eine Woche ein Ende. Ich wurde für die Wache in der Kaserne eingeteilt, mußte in der Schreibstube hocken. Draußen im Schilderhäuschen stand der Posten, der sich mit anderen im Schichtdienst abwechselte. Aufregend war die Tätigkeit gewiß nicht, aber man mußte anwesend sein. Um zehn Uhr abends war immer Zapfenstreich; bis dahin mußten alle Soldaten wieder in der Kaserne sein. Eines Abends, es war schon Dreiviertel elf, kam einer auf das Tor zu, wurde vom Posten in Empfang genommen und zu mir reingeführt.

»Wo kommen Sie her?« herrschte ich ihn an und sah auf die Uhr.

Es war ein Volksdeutscher aus Ungarn, der freiwillig bei der Wehrmacht Dienst tat. Diese Leute wurden gern genommen, weil sie begeisterte Soldaten waren. Der Ungar tat etwas eingeschüchtert, war vielleicht auch wirklich ein bißchen zerknirscht und stammelte: »Du, Wachhabender, ich habe gegessen Eier, rührt euch, und nicht mehr gefunden Kaserne, wo bist du.«

Darüber mußte ich lauthals lachen, der anwesende Posten ebenso, dem Ungar fiel ein Stein vom Herzen und er verschwand schleunigst auf seine Stube.

Die Zeit verging schleppend. Der Rußlandfeldzug hatte begonnen, im Dezember 1941 hatte Hitler auch den USA den Krieg erklärt, am 20. Januar 1942 fand die Wannseekonferenz über die sogenannte »Endlösung« der Judenfrage statt. Juden sollten im Osten Straßen bauen und, wer das überlebte, vernichtet werden. Kein Jude sollte diesem Schicksal entgehen.

Was sich da über uns zusammenbraute, konnten wir damals in seiner ganzen Tragweite gar nicht erfassen, uns fehlten die notwendigen Informationen. Aber daß die Zeiten – zusätzlich zur Kriegssituation – ungemütlicher wurden, war uns nur allzu klar.

Einer, der mir später sehr nützlich sein sollte, war Georg Neuner. Er war eine bekannte Persönlichkeit, vor allem in Schwabinger Kreisen. Man traf ihn abends in einem Künstlerlokal, er war äußerst trinkfest und genoß es, im Kreise anderer Künstler über den Gang der Welt zu philosophieren. Noch zu Lebzeiten meines Vaters hatte sich eine lose Freundschaft zu unserer Familie entwickelt. Mutter hielt den Kontakt aufrecht, traf sich manchmal mit ihm. Georg Neuner, den wir auch »Schorsch« nannten, war eine schillernde Figur. Er war Handlungsreisender, der Geschäfte in Afrika abwickelte. Von diesen Reisen brachte er immer eine große Anzahl Musikinstrumente mit: Kinderrasseln, größere Instrumente – was er bei afrikanischen Stämmen erwerben konnte, brachte er mit nach München und legte sich eine einmalige Privatsammlung an.

Der Sammler »Schorsch« war aber gleichzeitig bei der

Abwehr. Welches seine konkreten Aufgaben waren, wußte niemand, er selbst sprach verständlicherweise nie darüber. Es umgab ihn eine Aura des Geheimnisvollen. Seine Instrumentensammlung schenkte er nach Ausbruch des Krieges der Stadt München, um sie in Sicherheit zu wissen. Oberbürgermeister Fiehler nahm dieses Geschenk gerne an und ließ sie mit Teilen aus dem Besitz der Stadt München ergänzen. Sie wurde im Lenbachhaus untergebracht, und Georg Neuner wurde Direktor dieser Sammlung auf Lebenszeit. So hatte er, obwohl er Parteigenosse war, schon während des Krieges dafür gesorgt, daß er sich nach 1945 nahtlos diesem Hobby weiter widmen konnte.

Einmal suchte ich besagtes Schwabinger Lokal auf, Schorsch saß an der Theke und sprach dem Wein zu. Er begrüßte mich freundlich, winkte mich zu sich: »Komm, Gert, trinken wir einen. Was magst du?«

Ich bestellte ein Bier und setzte mich zu ihm.

»Wie geht's zu Hause?« wollte er wissen.

»Danke, ganz gut. Nichts Neues.«

Er wußte um Mutters Probleme, nahm Anteil, konnte aber nichts machen. Aber allein der Kontakt mit ihm tat mir gut; ich wußte: Wenn es hart auf hart käme, könnte ich jederzeit auf Schorsch rechnen. Auch wenn er nicht *die* große Nummer bei der Abwehr war, so konnte er vielleicht wenigstens ein paar Tips geben.

An diesem Abend war Schorsch in Gedanken irgendwo anders, erzählte von Schwierigkeiten, in die Schweiz einreisen zu dürfen.

Ich fragte nicht weiter nach, er hätte mir die Hintergründe sowieso nicht erzählt. Aber offensichtlich war seine »Deckung« nicht mehr lückenlos, seine Agententätigkeit auch bei anderen Diensten durchgesickert. Seine Arbeit, von der ich nur eine verschwommene Ahnung hatte, faszinierte mich. Das Milieu der Geheimdienste schien mir aufregend, spannend, voller Nervenkitzel. Und so ein Mann saß da in Schwabing neben mir. Ich wünschte mir, selbst in diese Kreise reinzukommen. Vielleicht könnte ich über diese Schiene irgendwas für meine Mutter erreichen.

Aber das waren Hirngespinste. Zunächst wollte ich wieder Soldat sein; das erschien mir am naheliegendsten. Man hatte mich zwar als Namensträger zurückgeschickt, aber was sprach eigentlich dagegen, daß ich mich einfach wieder freiwillig meldete? Wenn man mich annehmen würde, wäre ich zwar »Soldat auf eigenes Risiko«, das heißt, das Reich würde keinerlei »Haftung« für mich übernehmen, aber wenigstens hätte ich den Judenhassern gegenüber ein Argument: Seht her, ich kämpfe für Deutschland; also laßt gefälligst meine Mutter in Ruhe! So dachte ich mir das zumindest und brachte meine freiwillige Meldung bald darauf bei der Wehrbereichskommandantur vor.

Es klappte. Man war dort zwar einigermaßen erstaunt über mein Ansinnen: »Sie müssen ja wohl ein besonders begeisterter Soldat sein!«

Aber ich spielte mit: »Ja, ich möchte etwas Sinnvolles tun; in München verplempere ich nur meine Zeit!«

Das zog. Ich wurde – Ordnung muß sein – noch darauf hingewiesen, daß mein Einsatz auf eigenes Risiko erfolgte. Bereitwillig gab ich meine Unterschrift und betrachtete ein paar Tage später voller Stolz mein Soldbuch. Ein neuer Eintrag: 11. Oktober 1941, Tours-Poitiers-Niort. Und: Man hatte mich aufgrund meiner freiwilligen Meldung zum Unteroffizier gemacht! Es begann eine neue Etappe.

# IV

# AUF DER KRIM

Es war kalt im Jaila-Gebirge. Die Wagen- und Panzerkolonne bewegte sich langsam und mühsam über die gewundenen Bergstraßen. Ich saß in einem der Kübelwagen, Kalle, der Fahrer, hielt über Funk Kontakt zur Spitze des Zuges: »Eichhörnchen ruft Marder, Eichhörnchen ruft Marder, hier alles in Ordnung, haben nur ein bißchen Probleme mit der Sicht.«

»Ein bißchen ist gut«, rief ich Kalle zu und blickte nach draußen. Stockfinstere Nacht, die Fahrzeuge durften wegen befürchteter russischer Luftangriffe noch nicht einmal die Notbeleuchtung einschalten.

»Vorsicht, Kalle, jetzt kommt 'ne Rechtskurve!«

Soviel konnte ich schemenhaft erkennen. Kalle riß das Steuerrad des Kübelwagens rum. Dieses Fahrzeug war alles andere als eine Luxuskarosse. Von außen sah es aus wie die deutsche Version eines amerikanischen Jeeps: offen, geländegängig, Zweitakter, Steckverdeck, grau gestrichen. Es hatte wirklich die Form eines Kübels. Innen war es nur karg eingerichtet. Die Sitze waren mit Zellstoff bezogen: Von der deutschen Kraftfahrzeugindustrie speziell für die Wehrmacht angefertigt. Kalle konzentrierte sich auf die Straße. Er war Obergefreiter, hatte im April 1941 den Feldzug gegen Jugoslawien mitgemacht, war verwundet worden und nach vierwöchigem Lazarett-

Aufenthalt zur Ersatzabteilung gekommen. Nachdem er wieder vollständig genesen war, wurde er im Januar 1942 unserer Batterie zugeteilt. Er gehörte zu der Sorte Soldaten, die wir auch »Oberschnapser« nannten. Das waren die »Altgedienten«, die nach der zweijährigen Dienstzeit weiter dabeigeblieben waren, den Krieg von Anfang an miterlebt hatten. Diese »Veteranen«, obwohl erst vier- oder fünfundzwanzig Jahre alt, bildeten das »Rückgrat der Armee«. Die konnte so schnell nichts erschüttern, und von begeistertem Patriotismus waren sie weit entfernt. Sie hatten nur eins im Kopf: Überleben. Und für dieses Ziel taten sie alles – sie drückten sich, wo es nur ging. Drückten sich um besondere Aufgaben und drückten sich in den Dreck, um davonzukommen.

»Kalle!« rief ich »Siehst du den Felsbrocken da vorne auf der Straße? Paß auf!«

»Schon gesehen«, murmelte er seelenruhig und steuerte das Gefährt um das Hindernis herum.

Wir waren also in Rußland, 22. Panzerdivision, auf dem Weg zur Krim. Es tat mir gut, jemanden wie Kalle in meiner Nähe zu haben. Nur mit »Frischlingen«, die gerade eingezogen worden waren, hätte ich mich nicht sonderlich wohl gefühlt. Diese Jungen waren so unbekümmert, so voller Begeisterung für Hitler und das Reich; man hatte sie bei der HJ oder der Napola (Nationalpolitische Erziehungsanstalten) ja auch entsprechend gedrillt. Nein, das war nicht mein Fall. Dann eher schon so ein »Oberschnapser« wie Kalle, der die Ruhe in Person war. Sein Standardsatz war: »Nur nicht verrückt machen lassen!«

Es war etwa zehn Uhr abends. Die Motoren der Panzer und Wagen dröhnten aufdringlich durch die Nacht, der Schall brach sich an den Felswänden rechts und links dieses Gebirgstals.

»Und diesen Lärm soll der Iwan nicht hören?« meinte ich skeptisch zu Kalle. »Der kennt doch diese Straße genau. Der hat uns sicher schon auf dem Kieker. Prost Mahlzeit.«

»Immer mit der Ruhe!« meinte Kalle ganz gelassen. »Selbst wenn er ein paar Flugzeuge hat, um uns hier einige Eier reinzusetzen ...«

»Da reicht doch schon ein einziges, einmotoriges Flugzeug, um mit einer gut plazierten Bombe vorne an der Spitze den ganzen Konvoi ins Chaos zu stürzen.«

Kalle mußte lachen: »Junge, Junge, so schnell geht das alles nicht. Die Rollbahnhure möchte ich sehen, die uns hier aus der Luft entdeckt.«

»Rollbahnhure?«

»Kennste nicht? Das sind die Flieger, die auf jede glimmende Zigarette zielen, die sie von oben sehen. Und ...«, er kriegte sich kaum ein vor Lachen, »und weißt du, was die geladen haben?«

Ich hatte keine Ahnung.

»Selbstgebastelte Bomben aus Konservenbüchsen! Nee, du, da wird nichts draus. Tu mal lieber noch 'n Kaffee rüber.«

Ich reichte ihm einen Blechnapf voll Malzkaffee, den

berühmten Muckefuck. Kalle nahm einen großen Schluck, kicherte immer noch vor sich hin.

Meine Skepsis war noch nicht verflogen: »Ja, aber wenn die eine glimmende Zigarette erkennen können ... Ich meine, dann ist doch jeder Granattrichter, der zum Scheißhaus umfunktioniert wurde, schon ein sicheres Ziel. Und erst recht ein ganzer Panzerverband!«

Kalle konnte nichts erschüttern. Als ob er einen Angriff provozieren wollte, zündete er sich genüßlich eine Zigarette an, zog begierig und hastig.

»Du hast vielleicht Nerven«, meinte ich nur noch kleinlaut.

»Nur nicht verrückt machen lassen«, war Kalles Antwort, wie immer. Ich mußte zurückdenken, was seit meiner Abreise aus München passiert war. Es war zunächst nach Südwestfrankreich gegangen. Dort, im Raum Tours-Poitiers-Niort, wurde schon seit Ende September 1941 die 22. Panzerdivision aufgestellt. Nicht ohne Probleme: Die Ausrüstung war mangelhaft, Waffen, Fahrzeuge und Geräte unzureichend, der »Fuhrpark« kunterbunt zusammengewürfelt aus der Beute von Dünkirchen und St. Valérie. Die Truppe mußte noch geschult werden. Vor Jahresende wurden aber wegen der Anlaufschwierigkeiten kaum motorisierte Märsche oder Verbandsübungen durchgeführt.

Dafür gab's »Trockenunterricht« bei Hauptmann Jenninger. Er war ungefähr 35, ein drahtiger, sportlicher Typ. Sein Training hielt er in einer requirierten französischen Schule ab: Funk-Unterricht.

»So«, sagte er jedesmal gegen Ende des Pensums, »und jetzt proben wir den Ernstfall«.

Sprach's, ging zur Tür, verschloß sie von innen.

»Also: Da geht's raus!«

Damit zeigte er zum Fenster. Der Schulungsraum lag im Hochparterre.

»An der Front müßt ihr noch ganz andere Dinge meistern. Also raus mit euch!«

Einer nach dem anderen sprang aus dem Fenster. Wir hatten sogar Spaß daran, denn zumindest sorgte Hauptmann Jenninger dafür, daß ein bißchen Leben in die Bude kam. Seine Art, mit uns umzugehen, imponierte uns.

Im Januar traf ein Fahr-Lehrkommando des Schützen-Ersatz-Bataillons 1 aus Weimar ein, um die SPW-Fahrer zu schulen. Dieser Lehrgang fand vom 19. Januar bis 7. Februar 1942 statt. Am 7. Februar kamen dann auch die Chefs der aus Hannover zugeführten, neu aufgestellten Werkstatt-Kompanie. Am selben Abend ließ der Chef des Generalstabs, Generalmajor von Apell, verlauten, daß die 22. Panzerdivision sich auf eine baldige, vorgezogene Verlegung an die Ostfront einzurichten habe.

Noch in dieser Nacht des 7. Februar wurde es amtlich: Ein Fernschreiben des Oberkommandierenden des Heeres traf ein, das den Befehl zum Einsatz in Rußland enthielt: »22. Pz.Div. verlegt zur Ostfront! Division wird, am 17. Februar 1942 beginnend, mit ›einer Kampfgruppe‹ verladen und zur Verfügung des Genstab./Heer (im Bereich der H.Gr.Süd) nach Südrußland transportiert. Rest 22. Pz.Div. folgt ab 1. März.«

Hintergrund war, daß sich die strategische Lage der Deutschen um die Jahreswende 1941/42 entscheidend verschlechtert hatte. Seit Dezember verstärkten die Amerikaner ihr Engagement, und der äußerst kalte Winter hatte dem deutschen Heer im Mittelabschnitt und bei der Heeresgruppe Süd zwischen Rostow am Don und der »Mius-Stellung« arg zugesetzt und ihm erhebliche Rückschläge beschert. Auf der Krim hatten die Russen im Januar die Halbinsel Kertsch zurückerobert; sie landeten vom Schwarzen Meer her in Feodossija und waren bis zum sogenannten Faulen Meer vorgestoßen. Die Front verlief nun in Süd-Nord-Richtung an der engsten Stelle der Halbinsel Kertsch. Während wir auf den Transport warteten, hatten die Russen genügend Zeit, sich einzubuddeln.

Unsere Nachschub-Division wurde ziemlich überhastet verladen und rollte in endlos langen Zügen über Metz – Wien – Budapest – Bukarest bis nach Odessa. Dort endeten die meisten Eisenbahntransporte. Die Fahrt mußte öfter unterbrochen werden; zwischendurch lagen immer wieder Hindernisse auf den Gleisen, auch Fliegeralarm zwang den Transport zu unfreiwilligen Aufenthalten. Wenn wir in kleinen Dörfern in Rumänien oder Rußland hielten, kamen Bewohner zum Zug gelaufen, um mit uns Soldaten ein paar Tauschgeschäfte zu tätigen. Sie boten uns Eier an, manche hatten Geräuchertes. Wir hatten bald herausgefunden, worauf sie am meisten erpicht waren: Feuersteine. Die hatten wir zwar auch nicht, aber wir tricksten sie erfolgreich aus. Wir nahmen einfach ein Stück festen Draht, knipsten kleine Stücke ab, verpackten sie zu Zehnerbündeln. Solch ein Päckchen wurde dann gegen zehn Eier eingetauscht. Wahrscheinlich verfluchten uns die Dorfbewohner heftig, wenn sie später zu Hause vergeblich Feuer zu machen versuchten. Von Odessa aus ging es dann auf dem Landweg die Schwarzmeerküste entlang bis zur Krim.

Ich schreckte auf, denn aus dem Funkgerät tönte die quäkende, etwas verzerrte Stimme von Hauptmann Jenninger und verlangte nach mir: »Van Laak, Sie sind mir verantwortlich für die drei Panzer, die hinter Ihnen fahren. Daß die mir ja heil ankommen!«

Das hatte er mir ja gut hingerieben, der Alte.

Kalle kicherte: »Eine verantwortungsvolle Aufgabe, Herr Unteroffizier!«

»Blödmann«, sagte ich nur, »wie soll ich die denn sicher durch die Nacht leiten bei diesem unwegsamen Gelände? Man kann ja noch nicht mal die Hand vor den Augen sehen, geschweige denn die nächste Kurve! Siehst du irgendwas?«

Kalle blickte angestrengt ins Dunkel, krampfhaft das Lenkrad festhaltend. Nur schemenhaft konnten wir den Vordermann mit seinem Funkmeßwagen erkennen.

Es ging nur langsam vorwärts; mehr als fünfzehn Stundenkilometer waren nicht drin.

Sogar Kalle wurde ungeduldig: »Wenn das so weitergeht, fahren wir noch bis in den Morgen hinein. Und dann kann's wirklich ungemütlich werden. Hey, Beifahrer, wie weit haben wir noch?«

»Wie, weißt du das nicht? Jetzt sitzt du seit Stunden hier in der Kiste und hast keine Ahnung, wo wir sind? – Ich weiß es auch nicht.«

Ich strich mir die Haare aus der Stirn und blickte prüfend nach draußen.

»Ich glaube, da vorne wird's flacher, wir kommen in die Ebene.«

Kalle versuchte, die Kilometerstandsanzeige an seinem Tacho zu entziffern. »Achtzig Kilometer haben wir schon; also vielleicht noch zwanzig bis zur Front.«

Das Wort »Front« war mir unheimlich: »Ich glaube, die haben mit uns was Besonderes vor. Vielleicht schikken sie uns gleich ins Feuer!?«

»Nun mach dir mal nicht in die Hose«, meinte Kalle und steckte sich wieder eine Zigarette an, »wird nichts so heiß gegessen, wie es gekocht wird.«

Die Fahrt wurde etwas schneller. Allmählich begann es zu dämmern, und wir konnten schon mehr von der Umgebung erkennen. Wir hatten die Berge zurückgelassen und befanden uns in einer weiten Ebene. Die Straße war breiter geworden, der Vormarsch jetzt einfacher. Kalle pfiff ein lustiges Liedchen vor sich hin, während ich genüßlich eine Zigarette rauchte.

»Na, jetzt haben wir es ja bald geschafft«, meinte ich zu Kalle.

Er unterbrach sein Pfeifkonzert, blickte zu mir rüber und frotzelte: »Kannst es wohl gar nicht erwarten?!«

Meine Ungeduld, in den Kampf zu ziehen, hielt sich allerdings in Grenzen. Ich wollte vielmehr endlich am Bestimmungsort sein, herauskommen aus diesem unbequemen, holpernden Vehikel. Die ungeteerte Straße war schlechter geworden, Schlaglöcher und Erdklumpen rüttelten uns durch. Hier mußte wohl mal eine Bombe runtergegangen sein. Kalle war das Pfeifen vergangen, krampfhaft versuchte er, unser Gefährt sicher um die Hindernisse herumzulenken. Es war noch nicht hell genug, um wirklich alles zu erkennen. Nur die abgeblendeten Rücklichter des vorausfahrenden Wagens waren ein kleiner Anhaltspunkt: Wie tanzende Glühwürmchen wiesen sie den holprigen Weg.

Plötzlich gab es einen unsanften Ruck, wir wurden nach vorne geschleudert, der Wagen stand. Besser gesagt: Er hing mit einer 60-Grad-Neigung in einem Bombentrichter.

»Kalle, was ist los?« rief ich erschrocken.

Er hatte sich am Lenkrad festhalten können, während ich mit dem Kopf gegen die Scheibe gedonnert war.

»Scheiße, dieses verdammte Loch habe ich nicht gesehen«, fluchte Kalle. Mit Mühe stiegen wir in dieser Schräglage aus dem Wagen. Wir betrachteten das Malheur.

»Los, da muß uns jemand rausziehen«, rief Kalle, »lauf du mal zu den anderen, ich bring schon mal das Abschleppseil an.«

Die nachfolgenden Wagen und Panzer waren durch unseren »Absturz« natürlich auch zum Anhalten gezwungen worden, die Spitze des Konvois war weitergefahren. In der Aufregung vergaßen wir völlig, Hauptmann Jenninger über Funk Bescheid zu geben.

Ich lief zum nächsten Wagen zurück: »Hey, Jungs, könnt ihr uns rausziehen?«

»Habt wohl Tomaten auf den Augen gehabt oder gepennt?« lachten die zurück. Wer den Schaden hat ...

»Komm«, rief ich dem Fahrer zu, »rück mal auf, der Kalle hat schon das Abschleppseil drangemacht!«

»Woll'n mal nicht so sein«, meinte der Fahrer augenzwinkernd und fuhr mit seinem Kübelwagen zu unserem »gestrandeten« Fahrzeug.

Aber dessen PS-Stärke reichte nicht aus, um uns rauszuziehen. Die Räder drehten durch, es war aussichtslos.

»Los, da muß ein Panzer her!« rief Kalle.

Wir hatten mit mehreren Mann versucht, das Abschlepp-Manöver durch Schieben zu unterstützen. Aber das Fahrzeug steckte zu tief im Dreck. Unsere Uniformen sahen entsprechend aus: Zerknittert waren sie sowieso schon, aber jetzt waren sie völlig verdreckt. Über und über mit Lehm »dekoriert«.

Kalle hatte inzwischen über Funk einen Panzerfahrer aus den hinteren Reihen gebeten, nach vorne zu kommen, um uns aus dem Schlamassel zu befreien. Die anderen Wagen mußten sich an den Rand der Straße quetschen, um ihn vorbeizulassen. Mit Hilfe dieses Panzers gelang es dann, unseren Wagen wieder flottzumachen.

Im Ersten Weltkrieg arbeitete Leonie Gundersheimer als Krankenschwester im Lazarett, wo sie den im Krieg verletzten Wilhelm van Laak kennenlernte.

Leonie Gundersheimer und Wilhelm van Laak nach ihrer Verlobung 1917.

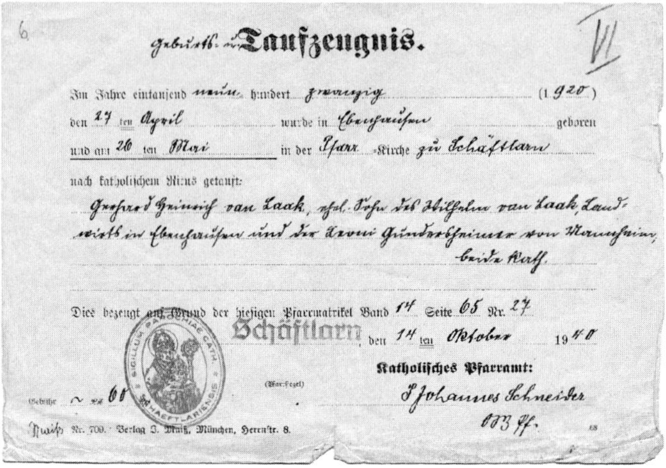

Geburts- und Taufzeugnis.

Im Jahre eintausend neun hundert zwanzig (1920)
den 27ten April wurde in Ebenhausen geboren
und am 26ten Mai in der Pfarr-Kirche zu Schäftlarn
nach katholischem Ritus getauft:
Gerhard Heinrich van Laak, ehel. Sohn des Wilhelm van Laak, Landwirth in Ebenhausen und der Leoni Gundelfinger von Mannheim, beide kath.

Dies bezeugt auf Grund der hiesigen Pfarrmatrikel Band 14 Seite 65 Nr. 27
Schäftlarn, den 14ten Oktober 1940
Katholisches Pfarramt:
(Pfarrsiegel)
P. Johannes Schneider
OSB.

Maiß Nr. 709. Verlag J. Maiß, München, Herrnstr. 8.

Geburts- und Taufzeugnis. Der Autor wurde 1920 in Ebenhausen bei München geboren und in Schäftlarn katholisch getauft.

An den Folgen schwerer Kriegsverletzungen verschied Dienstag abend nach langem Krankenlager mein innig-geliebter Mann, der treusorgende Vater seiner Kinder

**Herr Wilhelm van Laak**

Kaufmann

Oberleutnant der Reserve, Inhaber des Eisernen Kreuzes, im Alter von 44 Jahren.

München, Birkenleiten 15, 11. April 1935

In tiefster Trauer: Lonny van Laak
*16182; mit Kindern Gerhard und Dorothea

Die Beisetzung findet am Freitag, 12. April, vorm. 10 Uhr, in Ebenhausen-Zell (Isartal) mit darauffolgendem Trauergottesdienst statt.

Die Todesanzeige des Vaters Wilhelm van Laak.

Dorle van Laak, zweites Kind der van Laaks, die Schwester des Autors wurde 1923 geboren.

Nr. 1239 **Formblatt B.**

# Prüfungszeugnis für Lichtspielvorführer.

~~Herrn~~ Fr. Luise van Laak,

geb. 11.12.95 in Mannheim,

Deutscher Staatsangehöriger,

wohnhaft in München

wird gemäß § 1 der Verordnung über die Prüfung von Lichtspielvorführern vom 14. April 1924 ~~und § 10~~ der Bekanntmachung des Staatsministeriums des Innern über die Prüfung von Lichtspielvorführern vom 14. April 1924 auf Grund der am 16.7.35 hier vorgenommenen Prüfung bescheinigt, daß er befähigt ist, Bildwerfer mit elektrischem Licht selbständig zu bedienen.

München, den 16.7.35.

**Der Vorsitzende der Vorführerprüfstelle:**

[illegible]

Wenden!

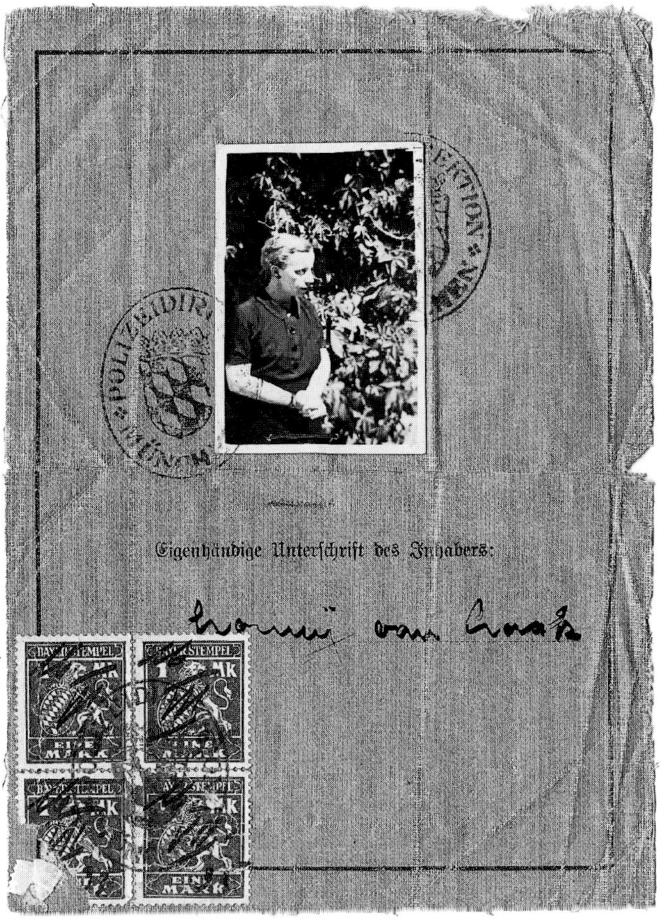


Dieser Ausweis berechtigte Leonie van Laak zur Vorführung von Kinofilmen. 1935 mußte sie eine Prüfung ablegen, um ihre Vorführlizenz behalten zu können. Wegen ihrer jüdischen Herkunft wurde ihr die Lizenz trotz bestandener Prüfung dennoch entzogen.

Nach dem Abitur leistete Gert van Laak den halbjährigen Reichsarbeitsdienst in Mittenwald ab, zu dem alle wehrpflichtigen Männer vor dem Militärdienst verpflichtet waren.

Bei einem Besuch Hitlers in München war van Laak in der Kaufingerstraße zum Absperrdienst eingeteilt.

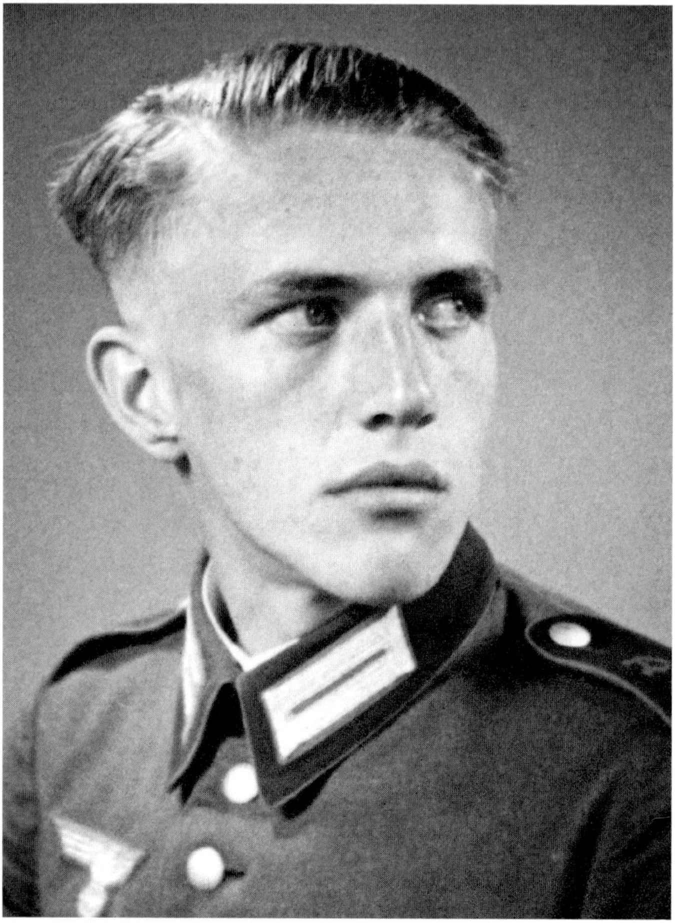

Gert van Laak im Alter von 20 Jahren, er wurde 1939 als Soldat einberufen.

Leonie van Laak 1940.

Kurz vor van Laaks Einberufung zum Militär entstand dieses Bild mit seiner Mutter. Leonie van Laak verdiente Geld, indem sie Zimmer an Studenten vermietete.

Van Laaks erster Einsatz im Krieg als Quartiermacher in Belgien, hier mit Kameraden.

An der russischen Front, hier beim Appell, erlebte van Laak die verlustreichen und für beide Seiten grausamen Gefechte mit.

1941 erhielt Leonie van Laak ihren ersten Abtransportbefehl von der Gestapo. Das Photo entstand kurze Zeit danach.

Oberkommando der Wehrmacht
Az. 1 1 20.12 AWA/J (If)
Nr. 11 143/43

Berlin, den 1. April 1943

Einschreiben

Herrn

Gerhard van Laak
München 19
Hofenfelsstr. 54

Auf Ihr Gesuch vom 17.11.42 teilt Ihnen das Oberkommando der Wehrmacht mit, daß Ihre ~~Einberufung~~ – Wiedereinberufung – zum aktiven Wehrdienst nach den geltenden Bestimmungen nicht möglich ist.

Der Chef des Oberkommandos der Wehrmacht
Im Auftrage

.4 Anlagen

Bitte zurücksenden

1942 wurde van Laak wegen der jüdischen Herkunft seiner Mutter aus dem Militärdienst entlassen, der Antrag auf Wiederaufnahme wurde abgelehnt.

Der Konvoi setzte sich in Bewegung und erreichte den Rest der Formation am angestrebten Zielpunkt, bei den deutschen Stellungen.

Wir hatten nur wenig Zeit, uns in den Unterständen häuslich einzurichten. Ich teilte die Behausung mit vier weiteren Kameraden; ein kleiner Ofen sorgte für etwas Wärme. Bereits die ersten Tage waren für uns Neuankömmlinge voll hektischer Betriebsamkeit. Offensichtlich wollte man uns tatsächlich sehr bald zum Einsatz bringen. Die deutschen Stellungen bestanden aus einer etwa vierzig bis fünfzig Kilometer langen, befestigten Linie, die sich vom Schwarzen Meer quer durch die Halbinsel Kertsch bis zum Asowschen Meer hinzog. Diese steppenähnliche Ebene bot von seiner geologischen Beschaffenheit nur wenig Schutz. Die Front war voll einsehbar, von vereinzelten Bodenerhebungen abgesehen. Unsere Unterstände waren natürlich getarnt; trotzdem kamen wir uns vor wie auf dem Präsentierteller.

Was wir nicht wußten: In der Heeresleitung wurde der erste Angriff der neu angekommenen Verbände bereits für die nächsten Tage geplant. Es sollte ein gefährlicher Feindeinbruch am Nordflügel des Korps aufgefangen und drei um Kiet stehende, starke russische Verbände vernichtet werden. Die Befehlshaber der 22. Panzerdivision, auch der gerade angekommene Oberst Rodt, versuchten vergeblich, den Einsatz unserer Division noch um eine Woche hinauszuschieben. Ihre Begründung (die man später nachlesen konnte): Die Truppe muß zunächst eingewiesen werden und sich mit dem Gelände vertraut machen. Doch die eindringlichen Warnungen fanden kein Gehör.

Die Russen hatten ein Verteidigungssystem errichtet, das von der deutschen Luft- und Gefechtsaufklärung bisher nicht erkannt worden war: den sogenannten Parpatsch-Graben, auch Tartarengraben genannt. Das war ein verminter Panzergraben, der uns noch schwer zu schaffen machen sollte.

Zunächst aber waren wir dem Beschuß durch die gegnerische Artillerie ausgesetzt. Damit war zu rechnen gewesen, denn der Anmarsch der neuen Truppen konnte ja nicht unentdeckt bleiben. Die Angriffe wurden stärker, und so entschloß sich der deutsche Divisionskommandeur, den Einsatzbefehl vorzuverlegen.

Am 20. März, morgens um sechs Uhr, traten wir an. Es herrschte dichter Morgennebel. Die beiden Infanterieregimenter bewegten sich vorsichtig vorwärts, das russische Störfeuer ging in ein Sperrfeuer über. Detonationen der Granaten mischten sich in das immer lauter werdende Bellen des Gewehrfeuers. Die Infanteristen kamen nur bis zum Graben; ihr Versuch, dieses Hindernis an einigen Stellen durch Sprengungen einzuebnen und für die Panzerverbände passierbar zu machen, scheiterte an der starken Artillerie des Gegners.

Ich befand mich zu diesem Zeitpunkt noch in den hintersten Linien, erfuhr aber später von den Kameraden, welches Desaster unsere Infanteristen vorne erlebten. In allen nur erreichbaren Löchern und Mulden, die von der gegnerischen Artillerie in den Boden gepflügt worden waren, versuchten sie Deckung zu finden. Sie kauerten sich in den Dreck, waren dem Feuer schutzlos ausgeliefert. Kein Wunder, daß jeder nach einem Vorwand suchte, um wieder zu den rückwärtigen Stellungen zu gelangen. Feigheit durfte sich natürlich keiner eingestehen. Aber sobald ein Kamerad verwundet zu Boden ging, waren gleich zwei andere zur Stelle, um ihn abzutransportieren – in Sicherheit.

Dann erhielten die Panzer den Befehl zum Angriff. Es war offensichtlich, daß die Infanterie alleine nichts ausrichten konnte. Doch die vorrückenden Panzer, hinter denen dann die Infanteristen Schutz suchten, kamen ebenfalls nur bis zum Graben, bei dem sie keine Furt fanden, um durchzukommen. Es blieb ihnen nichts anderes übrig, als an diesem Panzergraben entlangzufahren, um kein stehendes Ziel abzugeben. Dabei beschossen sie die gegnerischen Stellungen aus vollem Rohr. Die Fahrer und Kanoniere müssen sich ziemlich albern vorgekommen sein: Eigentlich sollte dies ja ein Angriff werden, und nun fuhren sie nur an diesem unüberwindbaren Graben hin und her! Diese Fahrerei kostete zudem wertvollen Sprit; wie sich später herausstellte, waren die Panzer vor ihrem Einsatz gar nicht vollgetankt worden, ihre Tanks waren halbleer. So blieb ein Panzer nach dem anderen wegen Benzinmangels liegen – ideale Ziele für den Gegner. Wir konnten aus der Entfernung beobachten, wie die bewegungslosen, eisernen Ungetüme einfach abgeschossen wurden. Einige Panzerbesatzungen schafften es, noch vor dem Einschlag zu fliehen, andere kamen in ihren »Gefängnissen« um. Es war ein jammervolles Bild.

Die Generalität schien erkannt zu haben, welch ein Fehlschlag sich am Graben anbahnte. Ein russischer Gegenangriff war nur noch eine Frage der Zeit. Also befahl man, die Panzerartillerie vorrücken zu lassen. Und damit war auch meine Stunde gekommen. Unsere vier Geschütze (10,5 Leichte Feldhaubitze LFH) wurden von Mannschaftswagen gezogen – in großen Abständen und immer im Zickzack. Auf dieser riesigen Ebene bot sich alles, was sich auf unserer Seite darauf bewegte, als einladende Zielscheibe dar, und schien wie zum Abschuß freigegeben. Entsprechend mulmig war mir und den Kameraden zumute, als wir auf den Panzergraben zurollten. In der Ferne konnten wir das russische Geschützfeuer aufblitzen sehen. Ein bis zwei Sekunden später hörten wir ein Zischen und Sausen, gleich danach die Detonation des Aufschlags in unmittelbarer Nähe.

»Eine Granate, die man hört, tötet nicht«, schrie der Jüngste aus unserer Truppe und machte sich selbst Mut.

»Stimmt«, schrie ich zurück, »der Tod kommt leise, still und heimlich. Da hörste vorher gar nichts, bist einfach weg.«

Trotzdem duckte ich mich jedesmal, wenn ich dieses Sirren und Pfeifen herannahen hörte. Wir fuhren mit Tempo vierzig über diese Steppe; durch die ständigen Kurvenbewegungen des Fahrers schwankte der Mannschaftswagen so stark, daß wir uns kaum festhalten konnten. Alle zehn Meter riß der Fahrer das Lenkrad um, und wieder wurden wir durcheinandergewirbelt. Ab und zu ein Blick nach draußen: In Gräben und Granattrichtern kauerten Infanteristen; andere Soldaten schleppten Verwundete weg; und immer wieder zwischen Granateneinschlägen und Maschinengewehrsalven das Schreien der Verletzten.

Das war nun Krieg! Ich mußte an meinen Einsatz an der französischen Atlantikküste denken: Wie gemütlich es doch dort gewesen war! Dort hatten wir eine ruhige Kugel geschoben. Die Kugeln hier an der Front flogen uns nur so um die Köpfe. Für einen kurzen Moment kam mir Hupfers Puff-Erlebnis in den Sinn, da stoppte unser Wagen. Ich schaute hinaus: Der Graben war etwa fünfzig Meter entfernt. Direkt vor uns stand ein abgeschossener deutscher Panzer, er qualmte noch. Diese »stählerne Leiche« benutzten wir als Deckung vor den Granaten, die in immer kürzeren Abständen auf unserer Seite einschlugen. In einer kleinen Feuerpause brachten wir unser Geschütz etwa dreißig Meter von dem Panzer entfernt in Stellung. Der Richtkanonier beobachtete die Mündungsfeuer der Gegenseite genau, richtete daraufhin den Kanonenlauf aus, lud durch. Wir warteten auf den Abschuß. Da erfaßte uns plötzlich eine Druckwelle und warf uns zu Boden. Ich war benommen, kam erst nach einiger Zeit wieder zu mir, fand mich im Dreck liegend. Neben mir schrien zwei Kameraden, einer hatte ein zerfetztes Bein, der andere blutete am Kopf. Weiter entfernt lag der Jüngste, der sich vorhin noch mit der Granate Mut gemacht hatte, die man nicht hört. Er lag bewegungslos auf dem Bauch. Ich rappelte mich auf, kontrollierte meine Gelenke: alles in Ordnung. Zuerst wollte ich wissen, was mit dem Jungen passiert war. Ich lief zu ihm hin, drehte ihn auf den Rücken: Seine Augen waren weit aufgerissen, starr, sein Hals rund um den Kehlkopf war nur noch ein Brei aus Blut und Fleischfetzen. Ich drückte seine Augen zu und drehte ihn wieder auf den Bauch.

Mein Herz schlug rasend. Ich rannte zu den beiden verletzten Kameraden zurück; zwei andere Soldaten kümmerten sich bereits um sie. Ich schaute mich um: Zwanzig Meter weiter lagen noch weitere Leichen. Und immer noch sausten und zischten die Granaten über unsere Köpfe hinweg.

Eine ungeheure Wut stieg in mir auf, ich wollte irgend etwas tun. Ich untersuchte das Geschütz: Es war noch intakt, die Granate steckte schußbereit im Lauf. Ich nahm all meinen Mut zusammen und feuerte sie ab. Die anderen Kameraden, die sich gerade um die Verwundeten kümmerten, hörten den Abschuß, wußten genau zu unterscheiden zwischen eigenem und feindlichem Feuer, einer drehte sich zu mir um, streckte seinen Daumen nach oben: Gut so! Zwei andere Kameraden holten die restlichen Granaten vom Fahrzeug, wir luden nach und feuerten, was die Rohre hielten, gegen die aufblitzenden Mündungsfeuer der Russen. Diese versuchten natürlich, dagegenzuhalten, wobei sie – im Gegensatz zu uns – leichteres Spiel hatten: Wir befanden uns ja ungeschützt in dieser Ebene, während sie sich schon wochenlang vorher eingraben konnten und ihre ausgebauten Stellungen hatten. So kamen die russischen Einschläge bedrohlich näher, das Zischen, Brausen, Zwitschern und Singen der Geschosse war kaum noch zu unterscheiden von den ständigen Detonationen. Wir hatten aufgehört, das Geschütz nachzuladen, jeder suchte irgendwo Deckung. Ich hatte mich mit zwei anderen Kameraden hinter dem ausgebrannten Panzer verkrochen. Uns stand die Angst ins Gesicht geschrieben, die Kehle war wie zugeschnürt, je näher das Granatfeuer kam, und je präziser die Russen schossen. Plötzlich ging auch noch schwere Artillerie der Russen auf unsere Geschützstellungen nieder. Vor, hinter und neben den fast ungeschützt stehenden Haubitzen schossen die Erd- und Dreckfontänen meterhoch aus dem Boden, so, als ob die Faust eines Riesen immer wieder kräftig niederprasseln würde. Ich klammerte mich jetzt an die Aufbauten des Panzers hinter dem Geschützturm. Dort war es auf Dauer hart und unbequem. Ich versuchte, eine bessere Stellung zu finden, rutschte etwas zur Seite – und fiel auf den verkohlten Leichnam eines Panzersoldaten, den das Feuer auf der Flucht eingeholt hatte. Das zweite leblose Gesicht, das ich innerhalb einer halben Stunde ertragen mußte. Dieser Kamerad hatte aber nicht mal mehr Augen. Ein schwarzes, verbranntes Gesicht starrte mich an, leere Augenhöhlen, ein total entstellter Mensch. Nur seine weißen Zähne blitzten aus dem versengten und verrußten Fleisch hervor. Es kam mir vor, als würde dieses intakte Gebiß mich aus der Ruine seines menschlichen Körpers heraus angrinsen und sagen: »Du tust mir ja wirklich leid, du armer Kerl, daß du dich hier noch rumdrücken mußt. Ich hab die Scheiße hinter mir, ich hab's überstanden.«

Ich drückte mich an den toten Kameraden, als wär es die hübscheste und begehrenswerteste Frau: Von diesem toten Menschen ging eine unsagbare Ruhe aus; und nach Ruhe sehnte ich mich jetzt. Alles andere war mir egal, auch, was meine Deckung betraf. Die Erlebnisse dieses Tages hatten sich tief in mich eingegraben und Wunden hinterlassen, seelische Verletzungen, denen ich nur mit Abschalten begegnen konnte. Die Ruhe des Toten neben mir tat mir gut. Ich begann, die Geräuschkulisse des Krieges, die Detonationen, die Einschläge, die Abschüsse und das Singen der Querschläger nur noch als Peripherie wahrzunehmen. Vor mein Inneres schob sich eine wohltuende weiße Wand, auf der plötzlich, ganz klar und ohne Verzerrungen, unbeeinträchtigt vom Kriegslärm um mich herum, mein Vater erschien. Den kalten, toten Kameraden neben mir spürte ich jetzt nicht mehr. Alles war ganz weit weg. Ich sah nur meinen Vater: Er stand mir in der Uniform eines Leutnants der Infanterie des Ersten Weltkriegs gegenüber. Er war nicht belehrend, aber seine Stimme klang weise: »Reicht es nicht, daß ich mein Leben gegeben habe? Warum willst du auch noch für dieses Land sterben? Hast du aus meinem Leben nicht genug gelernt?«

»Nein!« schrie ich und mußte an Vaters Beerdigung

denken. »Ich war doch noch viel zu jung, ich war doch erst vierzehn!«

Aber Vater ließ nicht locker: »Was glaubst du eigentlich, was dich nach dem Krieg erwartet? Selbst wenn du ihn überlebst – meinst du wirklich, irgend jemand wird dir deinen Einsatz danken? Die Nation? Der Führer etwa? Nein, mein Sohn, niemand wird ›Danke‹ sagen. Selbst wenn du ein Bein verlierst oder blind nach Hause kommst – kein Mensch wird dir einen Blumenstrauß überreichen, keiner wird dich als Held feiern, nur weil du freiwillig an der Front bist. Die Nazis werden, wenn sie überhaupt mit dir reden, dich nur als halbe Portion betrachten, als minderwertiges Mitglied der Nation.«

Ich wollte ihn festhalten: »Vater! Was soll ich denn machen? Hilf mir doch! Es geht doch um Mutter!«

Aber Vaters Bild wurde unscharf, verschwamm, ich öffnete die Augen wieder, erschrak beim Anblick der makabren Grimasse der Leiche neben mir, duckte mich instinktiv, und im selben Moment gab es einen Schlag direkt neben dem Panzer. Ein Granateinschlag hatte die restliche Munition, die wir bereitgelegt hatten, getroffen und sie explodierte. Ich verließ die Deckung und den toten Kameraden und suchte nach den anderen. Einige wälzten sich schreiend am Boden, andere lagen leblos in einer Blutlache. Insgesamt war die Hälfte der Mannschaft ausgefallen. Auch Offiziere und Unteroffiziere gab es keine mehr; zumindest war keiner einsatzbereit.

Ich faßte mir ein Herz und übernahm das Kommando: »Wir treten den Rückzug an! Tote und Verwundete kommen auf die Zugmaschine!«

Diese war zum Glück noch intakt. Trotz des Beschusses bargen wir die Opfer. Eine zweite Zugmaschine in der Nähe konnten wir auch noch flottmachen, eine Feldhaubitze retteten wir ebenfalls. Im Zickzack ging es zurück, etwa drei Kilometer weit.

In der »sicheren« Stellung legten wir die Gefallenen erstmal neben die Wagen, Sanitäter kümmerten sich um die Verletzten. Im Laufe des Tages trafen dann immer mehr »Rückkehrer« vom Panzergraben ein, die meisten Panzer – außer Totalausfällen – konnten bis zur Dämmerung zurückgebracht werden. Viele hatten aber schwere Fahrwerks- und Waffenschäden. Die Verluste an Menschenleben wogen noch viel schwerer: Allein in meiner Batterie waren von hundertsechzehn Mann siebzig tot oder verwundet. Die Personal- und Materialverluste der gesamten bei diesem Angriff eingesetzten Teile der 22. Panzerdivision betrugen etwa vierzig Prozent. Bei meiner Batterie waren drei Geschütze und zwei Zugmaschinen verlorengegangen.

Unsere Stimmung war auf dem Nullpunkt. Wie sollten wir bei einer solchen taktischen Fehlleistung durch die Heeresführung auch nur einen Fuß Boden gewinnen? Wie konnten wir überhaupt überleben? Ich dachte an meine Begegnung mit Vater dort vorne am Panzergraben: Keiner wird es dir danken!

Während der Nacht bargen einige Suchtrupps noch die restlichen Gefallenen auf dem Feld. Am nächsten

Morgen wurden sämtliche Tote zu einem noch weiter zurückliegenden Acker gebracht, wo bereits ein kleiner, provisorischer Soldatenfriedhof angelegt war. Ich fuhr mit und half, bevor man die Leichen in das Sammelgrab legte, ihnen die Stiefel auszuziehen. Das war Befehl: Material ist kostbar. Schon in der Stellung hatte man den Toten ihre wichtigsten persönlichen Utensilien abgenommen, diese registriert und in einem Säckchen verwahrt. Eine große Zeremonie am Grab gab es hier nicht. Als sämtliche Leichen neben- und übereinander plaziert waren, gaben zwei Kameraden eine Ehrensalve in die Luft ab. Das war's.

Als wir von der »Beerdigung« zurück waren, wurde ich zum Regimentskommandeur gerufen.

»Van Laak, Sie haben doch Abitur. Sie können doch schreiben, ich meine, Sie können einen deutschen Satz formulieren.«

»Jawohl«, antwortete ich und wußte nicht, worauf er hinaus wollte.

»Also dann, van Laak, übernehmen Sie jetzt die Benachrichtigung der Angehörigen. Sie wissen schon: möglichst schonend. Da gibt's so Formulierungen, die keinem weh tun: Stolze Trauer zum Beispiel, oder Heldentod, ja, Heldentod ist gut, zur Not Kopfschuß; man könnte auch schreiben ›angesichts des Feindes‹. Das ist auch schön allgemein. Muß ja keiner erfahren, was hier wirklich los war. Klar, van Laak?«

»Zu Befehl!«

Da saß ich nun in der Schreibstube, hatte eine Liste

der Gefallenen vor mir, dazu eine Liste mit den Heimatadressen. Beim ersten Brief mußte ich noch überlegen. Ich konnte ja unmöglich schreiben, der Sohn der Familie sei von einer Granate getroffen worden, man habe den Leichnam nur noch in Fetzen vorgefunden, habe erst mal Lunge und Magen wieder in den Körper reinstopfen müssen. Nein, das ging nicht, auch wenn's der Wahrheit entsprach. Der Kommandeur hatte recht: möglichst schonend umschreiben. Ich schrieb also, der Soldat sei im Kampf für das Vaterland einen Heldentod gestorben, er habe nicht leiden müssen und sei auf dem Soldatenfriedhof soundso (genaue Ortsangabe) beerdigt. Und anbei schicke man seine wichtigsten Habseligkeiten. Je mehr Briefe ich schrieb, desto mehr Übung bekam ich. So langsam wurde daraus ein Standardbrief, den ich aber manchmal variierte. Weil die Angehörigen sicher wissen wollten, wie ihr Junge gestorben war, schrieb ich auch mal von »Kopfschuß«. Ich ließ meiner Phantasie freien Lauf, hatte aber immer die möglichen Empfänger vor Augen, stellte mir vor, wie sie auf solch ein Schreiben reagieren würden. »Feld der Ehre« war auch so ein Ausdruck, den ich gerne einbaute. So harmlos und wenig ehrenrührig wie möglich, lautete die Devise.

Wenn die Empfänger wüßten, was hier wirklich passiert war! Aber darüber wollte ich jetzt nicht nachdenken. Ich stand ja selbst noch unter dem schockierenden Eindruck dieses Desasters.

Ich brachte die Briefe zum Kommandeur. Er warf

kurz einen Blick drauf: »Ja, genau, so hab ich mir das vorgestellt. Weiter so, van Laak.«

Er unterschrieb jeden einzelnen Brief, und per Feldpost ging dann die traurige Nachricht in die Heimat, zusammen mit den dazugehörigen Utensilien der Gefallenen.

Die deutsche Luftwaffe war in diesen Tagen kaum zu sehen. Ungehindert zogen russische Jäger – auch am Tag – ihre Schleifen über unseren Stellungen. Vor unserem Unterstand hatten wir ein Zwillings-MG aufgebaut, um gegen einen plötzlichen Angriff gewappnet zu sein. Die leichten Feldhaubitzen hatten wir halb in die Erde eingegraben. Wir befanden uns etwa einen Kilometer hinter der vordersten Linie der Infanterie. Alle fünf bis acht Stunden mußten wir aus den vier Geschützen der Batterie Störfeuer geben: eine vom Regiment genau festgelegte Anzahl von Granaten flog zur russischen Linie. Es waren keine gezielten Angriffe, sondern eher Verunsicherungsmanöver.

Einmal in der Woche war ich zum Störfeuer eingeteilt. Das konnte mitten in der Nacht sein, morgens um sechs oder nachmittags. Den Befehl erhielt ich über das Feldtelefon. Als es mal wieder soweit war – kurz nach Mitternacht, ich war gerade eingeschlafen –, hastete ich hinaus zu den Geschützen und veranstaltete das obligatorische Feuerwerk. Erstes Geschütz: vier Granaten; zweites: wieder vier. Ich bediente nacheinander alle vier Haubitzen und kam mir sehr pflichtbewußt vor. Was ich im Eifer des Gefechts allerdings vergessen hatte: Es sollte jeweils nur ein Geschütz mit vier Granaten abgeschossen werden, nicht alle vier. Ich legte mich wieder schlafen.

Am nächsten Morgen wurde ich zum Hauptmann Jenninger gerufen: »Van Laak, Sie haben die ganze Buchhaltung durcheinandergebracht!«

Ich verstand kein Wort: »Wieso Buchhaltung? Ich verstehe nicht, Hauptmann Jenninger!«

»Sie hatten doch heute nacht Dienst an der LFH.«

»Jawohl, Hauptmann, ich habe sie auf Befehl alle abgefeuert.«

»Eben, und das war der Fehler. *Eine* Haubitze sollten Sie abschießen, nur eine! Statt dessen verfeuern Sie insgesamt sechzehn Granaten. Unsere Munition ist nach einem genauen Plan eingeteilt; jetzt fehlen zwölf Stück im Bestand!«

Ich war ratlos und stammelte kleinlaut: »Kann man da nicht ...?«

Hauptmann Jenninger sah mich an und merkte wohl, daß mir die Angelegenheit äußerst unangenehm war: »Natürlich kann man.«

Jetzt hatte er wieder dieses verschmitzte kleine Lächeln, wie vor ein paar Wochen in Südfrankreich, als er uns aus dem Fenster springen ließ. »Aber Sie wissen doch selbst, wie kleinlich deutsche Buchhalter sind. Jede Patrone wird da gezählt und hat eine Nummer. Aber ich werde mich darum kümmern. Sie können abtreten.«

Ich schlug die Hacken zusammen, und während ich

hinausging, rief er mir nach: »Van Laak, übrigens, wenn Sie die nächsten Gefallenen-Briefe dem Kommandeur zum Unterschreiben bringen – er will Sie sprechen. Aber nicht wegen dieser lumpigen zwölf Granaten, sondern in einer anderen Angelegenheit.«

»Habe verstanden.«

Ich hatte überhaupt nichts verstanden. In der Schreibstube warteten weitere Totenlisten auf ihre »Bearbeitung«. Ich schrieb also wieder die bekannten Briefe und hatte mir inzwischen ein paar neue Variationen ausgedacht: »unschuldiges Leben« zum Beispiel war ein Ausdruck, der unverfänglich und vielleicht ein bißchen tröstlich war; oder »haben wir einen vorbildlichen und tapferen Kameraden verloren«; besonders gelungen fand ich die Formulierung: »Seine letzten Worte galten seiner Familie.« Das stimmte zwar nicht, aber darauf kam es ja nicht an. Wichtig war, die Empfänger dieser Briefe zu schonen. Mit den nächsten vierzig Briefen ging ich am Nachmittag dann zum rückwärtigen Teil des Regiments und suchte den Kommandeur in seinem Befehlsstand auf.

»Na, van Laak«, meinte er, als er einen Blick auf die Briefe geworfen hatte und fleißig seine Unterschrift daruntersetzte, »Sie sind ja fast zum Märchenerzähler geboren.«

»Danke«, wußte ich nur zu sagen.

»Hören Sie, van Laak«, setzte er nach, während er weiter die Briefe unterschrieb, »Ihr Rückzugsbefehl vorne am Panzergraben war völlig richtig; alle Achtung!«

Jetzt blieb mir sogar das »Danke« im Hals stecken, so perplex war ich. Alle Achtung für einen Rückzug? Was war das für eine Logik? Aber der Oberst legte jetzt den Stift zur Seite und schaute mich an: »Wenn ich das richtig gelesen habe, sind Sie freiwillig an der Front. Aus den Papieren der Kriegsstammrolle entnehme ich, daß Sie Namensträger sind.«

»Jawohl«, sagte ich, »das stimmt. Mein Vater verstarb an den Folgen des Ersten Weltkriegs. Ich bin der einzige Sohn.«

»Ja, aber dann«, meinte er etwas irritiert, »dann müßten Sie doch in der Heimat Dienst tun! So lautet die Anordnung des Führers!«

Ich erschrak: Wollte man mich nach Hause schicken?

»Jawohl«, sagte ich, »aber ich bin lieber an der Front.«

»Dann sind Sie aber ein seltenes Exemplar, van Laak. Sie sind also aus Begeisterung beim Feldtruppenteil?«

»So kann man das nennen, Herr Oberst.«

Er lehnte sich jetzt auf seinem Stuhl zurück, ich stand immer noch vor seinem Schreibtisch.

»Also gut, van Laak«, sagte er nach einer kleinen Pause, »ich werde Sie zum Offiziersanwärter ernennen. Sie sollen so schnell wie möglich auf die Offiziersschule nach Jüterbog. Mit Ihrer Einstellung und Ihrer Vorbildung sind Sie nicht nur ein geborener Märchenerzähler, sondern, was viel wichtiger ist, ein geborener Offizier.«

Ich muß ihn ziemlich verdattert angeschaut haben; damit hatte ich nun wirklich nicht gerechnet. Gleichzeitig stieg in mir ein unangenehmes, beklemmendes Gefühl hoch: Das könnte das Ende sein!

»Erlauben Sie, Herr Oberst«, sagte ich höflich, »aber das möchte ich mir erst überlegen. Bitte geben Sie mir ein paar Tage Bedenkzeit.«

Jetzt blickte der Oberst etwas verdattert drein: »Na, das versteh ich aber nicht, van Laak. Das ist doch eine einmalige Chance! Aber bitte. Sagen Sie mir in einer Woche Bescheid. Ach, übrigens, ich habe Sie wegen Ihres verantwortungsvollen Rückzugsbefehls für das EK II. Klasse vorgeschlagen.«

Jetzt war ich es wieder, der ungläubig dreinschaute: »Eisernes Kreuz für einen Rückzug?«

Der Oberst wurde ans Telefon gerufen, ich war entlassen. Auf dem Weg zu unserer Stellung schossen mir tausend Gedanken durch den Kopf. Als Halbjude war ich ja bei der Wehrmacht sowieso schon »deplaziert«, ich hätte gar keinen Dienst tun dürfen. Blaublütige und Halbjuden wurden vom Militär ferngehalten, um aus ihnen keine »Helden« zu machen. Es war ja schon ein kleines Wunder gewesen, daß ich überhaupt Unteroffizier geworden war; aber jetzt Offiziersanwärter? Bisher durfte ich noch nicht einmal Oberkanonier werden. Und dann das Eiserne Kreuz! Andere wären stolz darauf gewesen, aber mich quälte nur die Angst, daß dadurch meine »Legende« auffliegen könnte. In meinen Personalbögen fehlte ja der arische Nachweis. Der Oberst mußte also logischerweise in mir einen »ganz normalen« Soldaten sehen. Andere Informationen hatte er nicht. Solange ich hier an der Front war, konnte eigentlich nichts passieren. Aber wenn ich an die Offiziersschule nach Jüterbog käme? Wer könnte den dortigen »Apparat« daran hindern, meine vollständigen Personalpapiere vom Wehrbereichskommando anzufordern? Damit wäre meine Entlassung vorprogrammiert. Und das hätte unausweichlich Mutters Abtransport zur Folge. Solange ich hier in meiner verdreckten Uniform Dienst tat, fühlte ich mich als Mutters »lebender Schutzschild«. Das könnte mit meiner Zusage zum Offizierslehrgang schlagartig vorbei sein. Ich befand mich in einem mir ausweglos erscheinenden Dilemma und wußte nicht, wozu ich mich entschließen sollte.

Als ich bei unserer Stellung ankam, waren die Kameraden gerade dabei, unsere Unterstände weiter auszubauen und zu sichern. Ein paar russische Kriegsgefangene mußten mit anpacken. Um die Geschütze herum wurden Wälle aufgeworfen. Einige Soldaten hatten an der nahegelegenen Eisenbahnlinie, die von Feodossija zum Asowschen Meer führte, ein paar umgestürzte Waggons entdeckt, sämtliche Türen ausgebaut und hergeschafft. Sie dienten jetzt als Verstärkung der Dächer unserer Unterstände. Diese Befestigungsarbeiten waren ein Hinweis darauf, daß nach der Katastrophe am Graben jetzt erst mal eine längere Pause für überlegtere Vorbereitungen auf einen eventuellen neuen Angriff eingelegt werden sollte.

Um sieben Uhr abends wurde es dunkel auf der Krim. Die Kälte kroch unerbittlich in unsere Unterstände. Der kleine Ofen bollerte vor sich hin, gab wenigstens ein bißchen Wärme ab. Wir saßen auf engstem Raum zu fünft zusammen und schlugen die Zeit tot. Zu essen gab es erst nachts um elf. Also hieß es: die Zeit überbrücken. Noch immer war der verlustreiche Rückzug das Thema Nummer eins. Zwei der Kameraden aus unserem Unterstand waren gefallen, dafür waren zwei andere neu hinzugekommen: Max und Herbert. Beide waren jung und naiv, hatten den Mund trotz der Niederlage noch ziemlich voll. »Was sind denn schon ein paar Tote oder zehn verlorene Panzer?« meinte Max überheblich. »Den Iwan knacken wir doch allemal. Der Nachschub wird schon kommen. Der Führer hat das voll im Griff!«

Herbert hob seinen Hintern und ließ einen fahren. Hans, einer von uns Älteren, pflaumte ihn unwirsch an: »Scheißhaus ist draußen, alte Sau!«

Der Gestank seines Furzes war aber nicht die einzige Beeinträchtigung unserer Riechorgane. Ich setzte noch einen drauf: »Deine Fußlappen könntest du auch mal wieder wechseln. Hast sie wahrscheinlich schon zwei Wochen dran.«

Herbert schmollte und verzog sich nach draußen, ging wahrscheinlich jetzt wirklich zum Scheißhaus. Dieser Begriff beschreibt zwar, worum es ging, hatte aber mit einem »Haus« beileibe nichts zu tun. »Toilette« wäre ein äußerst unpassender, weil viel zu vornehmer Ausdruck gewesen. Vielmehr handelte es sich um einen umfunktionierten Granattrichter. Um den Weg dorthin (und wieder zurück) zu finden, mußte man sich ganz auf das spärliche Licht der Sterne und des Mondes verlassen; offenes Licht, gar eine Taschenlampe, wäre zu gefährlich gewesen. Nacht für Nacht tuckerten einmotorige Flugzeuge der Russen über unseren Stellungen und warteten nur darauf, irgendwo einen Lichtschein auszumachen und ihre Bomben abzuwerfen.

Herbert jedenfalls waren wir erstmal für eine Weile los. Seine euphorische, nationalsozialistische Gesinnung war gewöhnlich noch aufdringlicher als die von Max. Hans meinte: »Habt ihr mitbekommen, daß sich einer von den Jungs da drüben, fünfter Bunker, den Heimatschuß gegeben hat?«

Nein, das wußten wir noch nicht. Aber sowas kam jeden Tag vor. Eigentlich war es ganz einfach: Man legte sich ein Kommißbrot auf die Handfläche oder den Handrücken und schoß mit der Pistole hindurch. Der Rauch wurde vom Brot aufgesogen, an der Hand selbst war, außer der blutenden Wunde, nichts zu sehen, keine Schmauchspuren. Aber immerhin war die Verletzung so groß, daß der Betreffende nach Hause geschickt wurde. Andere Soldaten nutzten ihren Heimaturlaub für ein »Absetzen«: Während der Zugfahrt hielten sie eine Hand so lange aus dem Fenster, bis sie erfroren war. Diese Kameraden kamen dann aus dem Urlaub nicht mehr zurück.

Solche Gedanken hatte ich nicht. Wie sollte ich auch? Ich war ja froh, durch mein Soldatenleben eine Funktion zu erfüllen, meine Mutter vor Verfolgungen zu schützen. Wieder ging mir das Angebot durch den Kopf, auf die Offiziersschule zu gehen. Natürlich fand ich es verlockend, es stachelte meinen Ehrgeiz und mein Selbstbewußtsein an. Ich, die »halbe Portion«, sollte jetzt Karriere machen! Aber war das Risiko nicht doch zu groß, daß meine wahre Herkunft herauskäme? Dann würde ich nach Hause geschickt, und alle »Deckung« für meine Mutter wäre dahin. Ich versuchte, die Gedanken zu verdrängen; ich hatte ja noch eine Woche Zeit.

Herbert kam von seinem »Trichter-Ausflug« zurück.

»Na, ausgeschissen?« spottete Hans.

Herbert war immer noch mürrisch, hatte den Anpfiff »alte Sau« nicht verwunden: »Laß mich bloß in Ruhe!«

Er setzte sich in eine Ecke und pulte an seinen Fingernägeln.

Max hatte irgendwo draußen etwas gehört: »Leute, ich glaub, wir können Essen fassen. Auf geht's!«

Wir packten unser Feldgeschirr und zogen zur Gulaschkanone. Die Essensausgabe erfolgte bei den vorderen Stellungen. Auch hier galt: kein Licht, kein offenes Feuer! Nachdem wir uns an die Dunkelheit gewöhnt hatten, tasteten wir uns vorwärts. An der »Freßstation« hatte sich schon eine Schlange gebildet; jeder der Soldaten hatte seinen Teller und sein Besteck dabei, dic Schlange wurde immer länger. Wie gut, daß die Russen das Geklapper nicht hören konnten, sie hätten uns sicher sofort ein paar »Eier« ins Nest gesetzt. So standen wir also um unser Abendessen an, das sowieso kärglich genug war. Hans stand vor mir und deutete plötzlich auf einen Mann in unserer Reihe, ungefähr fünf Meter entfernt: »Gert, schau mal, das ist doch sicher keiner von uns!«

Ich blickte die Schlange entlang, scherte kurz aus, um ihn besser erkennen zu können: Tatsächlich, das konnte kein deutscher Soldat sein. Er sah so anders aus, hatte auch kein Eßgeschirr dabei. Ich ordnete mich wieder in die Reihe ein: »Ja, Hans, vielleicht ist das ein Russe!«

Aber bevor wir weiter reden oder etwas unternehmen konnten, war der Fremde bereits von seinem Vordermann entdeckt worden; er brachte ihn zu einem Wachhabenden. Wie wir später erfuhren, war es tatsächlich ein Russe, der sich in der Steppe verirrt hatte und dem Lärm der Eßgeschirre gefolgt war. Armer Kerl! Hatte halt auch Hunger. Er bekam einen Napf voll Eintopf, wurde verhört und galt als Kriegsgefangener. Viel konnte er nicht erzählen. Über die Truppenbewegungen der Gegenseite (»seiner« Seite) wußte er so gut wie nichts, auch die Nachschublinien der Russen waren ihm unbekannt. Sein »Ausflug« hatte für ihn trotzdem Vorteile: Als Gefangener bekam er wenigstens etwas zu essen.

Am nächsten Tag kamen ein paar Kameraden, die auf Heimaturlaub gewesen waren, wieder zur Truppe zurück. Jeder von uns war natürlich begierig zu erfahren, wie es in Deutschland aussah. Aber die Berichte ernüchterten uns: Bombenangriffe! Die Alliierten, die gegen Deutschland kämpften, ließen nicht locker und verstärkten ihre Angriffe.

Leider war keiner der zurückgekommenen Soldaten aus München, so wußte ich nicht, welche Spuren der

Krieg dort hinterließ. Aber allein die Tatsache, daß in Deutschland Dinge geschahen, die möglicherweise das Leben von Mutter und Dorle gefährdeten, war deprimierend. Ich konnte nichts tun, war abgeschnitten von jeder Einflußnahme. So kam die Sorge um Mutter und Dorle noch zu den quälenden Gedanken an den Offizierslehrgang in Jüterbog.

Wenn doch nur endlich Post von Mutter käme! Manchmal gab es drei oder vier Wochen keine Post. Das hing ganz vom Nachschub ab; Feldpostsendungen kamen immer mit dem Nachschub. Von Mutter hatte ich noch keinen einzigen Brief bekommen, seit ich hier war. Dafür hatte ich ihr nach dem Panzergraben-Erlebnis ausführlich geschrieben – natürlich nicht in Einzelheiten, sondern allgemein und verschlüsselt.

Dann wurde das Essen knapp: fehlender Nachschub oder Beschuß durch die Russen in den hinteren Reihen, wo die Küche lag. Doch Hunger macht erfinderisch! Hans, Herbert und ich zogen los ins Hinterland. Die anderen mußten beim Feldtelefon bleiben. Jetzt, im März, brach in der ukrainischen Steppe, die von kniehohem Heidekraut bewachsen war, der Frühling aus. Das betraf nicht nur die Pflanzenwelt, sondern auch die zahlreichen Feldhasen. Und auf die hatten wir es abgesehen. Die Hasen waren so liebestoll, daß sie alle Vorsicht vergaßen. Hatten wir einen entdeckt, schossen wir mit Leuchtspurmunition vor seinen Fluchtweg und erzeugten den »Abpraller«: Der Hase machte kehrt und lief uns direkt in die Arme. Wir konnten ihn aus allernächster

Nähe abknallen. Das war doch mal was anderes: Hasenbraten! Wir hatten zwar nicht die Möglichkeiten einer Feinschmecker-Küche, aber für uns war es trotzdem ein Festmahl: Wir nahmen den Malzkaffee vom Frühstück, um damit die tranchierten Hasenteile in der Pfanne weichzukochen; dann schmierten wir alles mit den spärlichen Butterrationen ein, um schließlich in der Pfanne die Endzubereitung vorzunehmen: gebratener Hase am Parpatsch-Graben!

Die Vorbereitungen auf den nächsten Angriff liefen. Die Verbände wurden neu geordnet und aufgefüllt. Es kam Nachschub an Ausrüstung, und wir mußten kleinere und größere Übungen durchführen. Langsam erholte sich die Truppe von dem Schlag; eine neue Zusammengehörigkeit entstand. Während dieser Zeit wurde ich vorübergehend mit weiteren zehn Mann als Quartiermacher eingeteilt. Als Vorausabteilung sollten wir in der Ukraine das Terrain erkunden. Wir fuhren morgens los, die kahlen Getreidefelder zogen sich bis zum Horizont. Am späten Nachmittag kamen wir in ein Dorf und hielten Ausschau nach einer Unterkunft für fünfzig bis achtzig Soldaten, die hier stationiert werden sollten. Wir entdeckten zunächst eine etwas größere Lehmhütte und gingen hinein. Sie bestand aus einer einzigen großen Stube. Der Hausherr war freundlich, sogar zuvorkommend. Oberhalb des Ofens, der die einzige Heizquelle war, befand sich ein Sims, von dem aus fünf Augenpaare auf uns runterblickten: die Kinder der Familie. Der Vater lud uns ein, Platz zu nehmen, einen

Schluck zu trinken. Wir nahmen das gerne an, und ich wunderte mich, warum er so freundlich war. Immerhin waren wir ja Besatzungstruppen. Aber vielleicht hing das damit zusammen, daß diese Krim-Tataren von Stalin so drangsaliert worden waren.

Der Boden vor dem Ofen bestand aus festgetrampeltem Lehm. Wir wußten schon: Darunter waren Kartoffeln vergraben, etwa einen halben Meter tief. Das war praktisch, denn an dieser Stelle konnten sie nicht erfrieren. Der Hausherr schenkte uns nach und sagte dann zu mir: »Ich schlafe heute nacht woanders. Mein Bett und meine Frau gehören dir.« Ich wußte, daß das in dieser Gegend das größte Zeichen der Gastfreundschaft war. Aber darauf wollte ich nicht eingehen und konnte mir nicht vorstellen, plötzlich mit einer wildfremden Ukrainerin im Bett zu liegen. Nein, da waren die Kartoffeln im Lehmboden schon interessanter für uns. Ich gab ihm zu verstehen, daß sein Angebot zwar sehr großzügig sei, daß wir aber lieber ein paar Kartoffeln hätten. Der Russe war richtiggehend beleidigt, holte aber mit finsterer Miene eine Hacke und grub die Kartoffeln vor dem Ofen aus. Einen Teil davon nahmen wir mit. Er wollte uns seinen gesamten Vorrat geben, aber das brachten wir nicht übers Herz. Er nannte uns zum Abschied noch ein paar weitere Häuser, in denen man Soldaten unterbringen könnte. Auch dort wurden wir sehr freundlich aufgenommen und ebenfalls mit einigen Kilo Kartoffeln beschenkt. Unsere Mission war erfolgreich gewesen: Genügend Quartiere ausfindig gemacht, Verpflegung für die nächsten Tage gesichert. Spät in der Nacht kamen wir zurück.

Schon am nächsten Morgen erhielt ich einen weiteren Auftrag. Der Batteriechef gab mir den Befehl, mit zwei weiteren Soldaten, die von Beruf Metzger waren, Fleisch zu organisieren.

»Die Batterie hat Hunger, van Laak!«

»Zu Befehl!«

Von unseren Kartoffeln erzählte ich nichts.

Der Nachschub für die Truppe stockte wohl oder kam nur sehr spärlich an, jedenfalls war ein offizieller Befehl für eine solche Selbstversorgungstour erstaunlich. Solche Aktionen waren sonst streng verboten. Sowohl die beiden Metzger als auch ich wußten, daß man dafür vor das Kriegsgericht kommen konnte. Es mußte also ein verdecktes Manöver werden. Ich organisierte einen Funkmeßwagen mit geschlossenem Aufbau, malte falsche Nummernschilder, steckte diese im Schutz der Dunkelheit über die alten und fuhr den Wagen hinter eine kleine Böschung. Meinen Kameraden im Unterstand sagte ich nur, ich hätte für den nächsten Tag einen Sonderauftrag. Max wurde sofort neugierig und versuchte mich auszuquetschen, aber er war der letzte, dem ich davon erzählen wollte. Daß er mich grimmig anschaute, störte mich nicht.

Im Morgengrauen fuhren wir los. Hinter den Linien erschien das Leben immer »normaler«. Bald machte sich eine friedliche Stimmung breit. Die Kühe waren bereits auf den Weiden, obwohl das Gras erst anfing zu sprießen. Aber die Scheunen waren ja fast leer, und die Bauern hatten gar keine andere Wahl. Dieses Hinterland, die sogenannte Etappe, stand schon seit einiger Zeit unter deutscher Verwaltung. Die Partei hatte hierfür eigens Bezirksfürsten eingesetzt, die »Goldfasane«. Sie wurden so genannt, weil sie auf ihren braunen Uniformen Goldaufschläge und -litzen hatten. Sie herrschten wie kleine Könige und wurden von der Bevölkerung gefürchtet. Sie waren äußerst privilegiert: Einerseits mußten sie durch ihren Job nicht zur Front, andererseits verstanden sie es geschickt, in die eigene Tasche zu wirtschaften. Selbstverständlich waren sie peinlichst darauf bedacht, daß niemand ihnen ihren Besitz streitig machte, auch nicht die eigenen Soldaten, die ein paar Kilometer weiter kämpften.

Wir fuhren mit unserem Funkmeßwagen auf Nebenwegen an den Weiden entlang. Die Kühe grasten friedlich, irgendwo ganz in der Ferne hörten wir ein paar Einschläge. Das Vieh schien sich an die Geräuschkulisse gewöhnt zu haben. In einer kleinen Senke, die durch ein paar Bäume und Büsche einigermaßen geschützt war, hielten wir an. Einer der beiden Metzger-Soldaten legte an und erlegte die nächsterreichbare Kuh mit einem Blattschuß. Wir zückten die Messer, liefen auf die Weide und zerlegten das Tier in Windeseile. Eingeweide, Kopf, Schwanz und Hufe ließen wir zurück. Das Ganze dauerte eine knappe halbe Stunde. Die beiden Jungs hatten ihr Handwerk wirklich gelernt, alles ging ruckzuck. Die restlichen Kühe standen rum und glotzten uns an, aber wir hatten unseren Auftrag erfüllt. Als wir gerade die Einzelteile in den Wagen luden, kam ein russischer Bauer lamentierend über die Weide gelaufen. Wir verstanden ihn zwar nicht, aber es war klar, was er wollte. Mit Händen und Füßen versuchte ich ihm weiszumachen, die Kuh sei uns vor den Wagen gelaufen, und wir hätten sie notschlachten müssen. Ich zahlte ihm eine Entschädigung mit Besatzungsgeld, dann luden wir in Windeseile die Reste ein und fuhren so schnell wie möglich davon. Was wir nicht wußten: Das gefälschte Nummernschild hatte sich gelöst, und der Bauer war natürlich pfiffig genug, sich unser richtiges Nummernschild zu merken und den entsprechenden Stellen weiterzugeben. Doch von der Anzeige erfuhren wir erst ein paar Tage später.

Zunächst mal hatten wir genügend zu essen, das Gulasch schmeckte hervorragend, auch der Regiments-Kommandeur war satt und sehr zufrieden: »Habt ihr gut gemacht, Jungs, nur die Sache mit der Anzeige hätte nicht sein müssen.«

Wir erschraken: »Wie? Was? Welche Anzeige?«

»Jemand hat eure Nummer notiert.«

Die beiden Metzger schauten mich an.

»Scheiße«, sagte ich nur, »und dabei hatte ich extra ... Muß wohl abgegangen sein. Kommen wir jetzt vor's Kriegsgericht?«

Ich bekam Angst, und meine beiden Kameraden ebenso.

»Mal langsam«, sagte der Kommandeur, »so schnell

schießen die Preußen nicht. Ich werd mir da schon was einfallen lassen. Weiter guten Appetit! Schmeckt wirklich köstlich.«

Die nächsten Tage – es war mittlerweile Ende März – zogen sich hin, ohne daß irgend etwas Aufregendes passierte. Wir warteten auf den Einsatzbefehl für den nächsten Angriff. Währenddessen, wie gehabt, gegenseitiges Störfeuer, gelegentliche Besuche russischer Jagdflugzeuge, kleinerer Beschuß durch deren Bordkanonen, Abwehrfeuer durch unsere Zwillings-MGs. Das waren die täglichen kleinen Scharmützel, an die wir uns schon gewöhnt hatten.

Die Woche Bedenkzeit, die ich mir erbeten hatte, war in zwei Tagen vorbei. Ich quälte mich immer noch mit der Entscheidung herum. Sollte ich wirklich das unkalkulierbare Risiko eingehen, daß auf der Offiziersschule plötzlich meine gesamte Personalakte auftauchte? Oder war ich zu ängstlich? Vielleicht waren meine Bedenken ja gegenstandslos; möglicherweise verließen sich die Führungsoffiziere in Jüterbog blind auf die Empfehlungen eines Oberst von der Front. Aber wenn nicht? Ich argumentierte innerlich hin und her und konnte keine Entscheidung treffen.

Ich war gerade dabei, das MG zu säubern, als der Batteriechef auf unseren Unterstand zugelaufen kam, ein Blatt Papier in der Hand.

»Unteroffizier van Laak?«

»Ja! Zu Befehl!«

»Hier ist ein Telegramm für Sie. Der Hausarzt Ihrer

Mutter teilt mit, daß Ihre Mutter schwer erkrankt ist. Er bittet darum, daß Sie einen Sonderurlaub bekommen und nach München fahren.«

Ich nahm das Telegramm entgegen, überflog die Zeilen und erschrak bei dem Gedanken, daß Mutter vielleicht im Sterben liegen könnte. Wenn der Hausarzt ein Telegramm an die Front schickte, mußte es etwas Ernstes sein. Ich versuchte, ruhig zu bleiben. »Werde ich Sonderurlaub bekommen?« fragte ich den Batteriechef.

»Es scheint wohl dringend zu sein. Im Augenblick ist es ruhig hier an der Front. Also eine Woche, die Fahrt wird extra gerechnet. Man weiß ja im Moment nicht, wie die Verbindungen sind. Am besten, Sie kommen gleich mit, dann machen wir die Papiere fertig.«

Während wir zur rückwärtigen Stellung gingen, hatte ich nur zwei Gedanken: Was ist mit Mutter? Und: Jetzt brauche ich mich erst mal nicht zu entscheiden, was die Offiziersschule betrifft. Während ich von der einen Last befreit war, drückte mich die neue Last noch wesentlich schwerer. Mein Gott, hoffentlich komme ich rechtzeitig, um Mutter noch lebend zu sehen!

Am nächsten Morgen konnte ich mit einem LKW nach Simferopol mitfahren. Die Kameraden setzten mich am Bahnhof ab, und ich erkundigte mich nach dem nächsten Zug Richtung Bukarest. Fahrpläne gab es in diesen Kriegszeiten nicht. Vielleicht in drei oder vier Stunden, hieß es. Ich setzte mich in den Wartesaal und beobachtete die Leute. Ein altes Mütterchen mit einem großen bunten Kopftuch saß auf einer Bank am Fenster, neben sich einen Weidenkorb, der Inhalt mit Tüchern zugedeckt. Sie hatte ein kleines Buch auf dem Schoß liegen, schaute ab und zu hinein, las ein paar Sätze und murmelte irgendwas vor sich hin. Neben ihr saß eine Mutter mit einem Baby auf dem Arm, ihre anderen beiden Kinder, etwa vier und sechs Jahre alt, sausten durch den Warteraum. Auf der anderen Seite hatten sich gerade zwei Bahnarbeiter auf einer Bank niedergelassen und packten ihr Frühstück aus. Eigentlich alles ganz friedlich, dachte ich, wenn nur dieser Krieg nicht wäre.

Zwei SS-Leute, das Gewehr geschultert, betraten den Wartesaal und setzten sich in eine Ecke. Sie waren bester Stimmung, ließen lauter dumme Sprüche los und rauchten eine Zigarette nach der anderen.

»Nach dem Krieg«, grölte der eine, »erfinden wir dann die Wiedergutmachungsmaschine: Steckste oben ein Stück Seife rein, kommt unten ein Jude raus!«

Der andere lachte hämisch. Mir war das zuwider, ich wendete mich ab. Plötzlich spürte ich eine Hand auf meiner Schulter. Ich drehte mich um und blickte in das feixende Gesicht dieses SS-Mannes, der eben den Witz gerissen hatte.

»Na, Kamerad, mußte auch auf'n Zug warten? Wir ha'm da noch 'ne tolle Beschäftigung. Kannst mitkommen, daß dir nicht so langweilig wird.«

Dieser Bursche war mir äußerst unsympathisch, er hatte eine Fahne, sein Alkoholdunst war noch in einem Meter Entfernung zu riechen.

Er ließ nicht locker: »Also, kommste mit?«

»Worum geht es?« fragte ich nur kurz.

»Nur'n paar Leute umlegen da draußen, nicht weit.«

»Was soll das: Leute umlegen?« erwiderte ich angeekelt. »Ist hier die Front?«

Er kriegte einen Lachanfall: »Sind doch bloß Juden. Verstehste: Juden-Gesocks!«

Ich schüttelte seine Hand ab: »Nee, ohne mich. Ich kenn die Leute gar nicht; mir hat keiner was getan!«

Er setzte noch mal nach. »Weißt wohl nicht, was der Führer von uns erwartet?! Ein Volk der reinen Rasse!«

Ich war angewidert: »Verschwinde! Ich will damit nichts zu tun haben! Keine Diskussion!«

Er drehte sich zu seinem Kameraden um: »Also, auf geht's!«

Und zu mir: »Heil Hitler, Herr Saubermann!«

In diesem Moment wurde er von einem der beiden Kinder, die im Wartesaal Fangen spielten, angerempelt.

Wutentbrannt brüllte er die Mutter an: »Nimm deine Brut an die Kandare, alte Schlampe!«

Das alte Mütterchen hatte während dieses Auftritts nur kurz aufgeblickt, sich dann wieder in ihr Büchlein vertieft und murmelte vor sich hin und schlug ein Kreuz an Stirn und Brust. Die zwei SSler verließen den Warteraum, wobei der Wortführer nochmal lautstark zurückrief: »Heil Hitler!«

Ich war erschrocken, wie kaltblütig diese jungen Burschen redeten – so, als sei es die selbstverständlichste Sache der Welt, mal kurz ein paar Juden umzubringen. Mir wurde plötzlich bewußt, daß die Verfolgung der Juden wahrscheinlich längst über die deutschen Grenzen hinaus um sich gegriffen hatte. Was ich in München erlebt und erfahren hatte, war nur ein harmloses Vorspiel gewesen. Jetzt schien man die Ausrottung der Juden ganz offen zu betreiben, und zwar europaweit, überall dort, wo deutsche Truppen standen.

Gedankenverloren saß ich da im Warteraum und hoffte, daß der Zug bald kommen würde. Die beiden Kinder spielten wieder Fangen, die Mutter stillte ihr Baby. Die alte Frau hatte ihr Büchlein weggelegt, saß mit geschlossenen Augen auf der Bank, die Hände im Schoß gefaltet.

Um die Mittagszeit rollte der Zug endlich ein. Er war zwar schon ziemlich voll, aber ich konnte noch einen Sitzplatz ergattern. Von den anderen Mitreisenden hielt ich mich fern, so gut es ging. Wieder mußte ich an das Telegramm denken: Wie ernst, um Gottes Willen, war Mutters Krankheit wirklich? Ich wußte, sie hatte ein Myom und bekam seit langer Zeit Bestrahlungen. Sie litt infolgedessen auch manchmal unter Blutungen. Vielleicht war es doch Krebs? Ich wollte mir das nicht ausmalen, konnte mich aber gegen die schlimmsten Gedanken und Befürchtungen nicht wehren.

Auf der Fahrt nach Bukarest hielt der Zug an einer »Entlausungsstation«. Dieses Spielchen kannte ich schon von der Front: nackt ausziehen, Wäsche abgeben – hier auch das Gepäck – und ab in die »Sauna«: ein großer Raum mit heißem Wasserdampf. Man tastete sich durch den Nebel, schwitzte erbärmlich. Schemenhaft konnte ich die anderen »Besucher« ausmachen. Dicht vor mir tauchte plötzlich das Gesicht eines Krimtartaren auf, gelbliche Haut, langes, dünnes Oberlippenbärtchen, asiatische Gesichtszüge. Diese Krim-Tartaren waren eigentlich arme Hunde: Von Hitler in die deutsche Armee geholt, mußten sie die »Hiwis« spielen, die Hilfswilligen. Sie waren für die Drecksarbeit zuständig.

Während wir schwitzend durch den Nebel irrten, wurden unsere Uniformen, die Unterwäsche und das gesamte Gepäck ebenfalls einem Heißluftbad unterzogen. Wir nahmen anschließend die völlig verknitterten Sachen wieder in Empfang.

Nach zwei langen Tagen war ich in Bukarest, ein weiterer Tag ging für die Fahrt nach Wien drauf, ab dort konnte ich aber dann den regulären D-Zug nach München nehmen. Als ich in München aus dem Zug stieg, zitterte ich fast vor Anspannung. Würde ich Mutter noch lebend sehen? Für die Menschen, die mit mir auf den Bahnhofsvorplatz strömten, hatte ich keine Blicke übrig, ich steuerte hastig und zielstrebig auf die Straßenbahn zu. Auch während der Fahrt nahm ich die Veränderungen in der Stadt kaum wahr, ich war wie in Trance, alles um mich herum erschien so unwirklich, weit weg. Das kurze Stück von der Straßenbahnhaltestelle bis zu unserem Haus rannte ich im Dauerlauf. Ich klingelte, mein Herz pochte bis zum Hals. Die Tür ging auf – Mutter stand vor mir. Ich brachte kein Wort heraus, stumm fielen wir uns in die Arme.

Nach einer Weile sagte ich leise: »Was ist passiert, Mutter?«

Sie löste sich von mir, hatte feuchte Augen: »Komm erst mal rein, Junge!«

Sie schloß die Tür, während ich mir den Mantel, die Uniformjacke und die schweren Stiefel auszog.

»Gottseidank, daß du lebst«, sagte Mutter.

Ich stopfte gerade die Fußlappen in die Stiefel.

»Nein«, sagte ich, »daß *du* lebst! Ich habe die ganze Fahrt nichts anderes denken können!«

»Jetzt komm, magst du einen Kaffee?«

Wir gingen zusammen ins Wohnzimmer, Mutter ging weiter in die Küche und setzte Kaffeewasser auf. Auf dem Wohnzimmertisch lag ein Blatt Papier. Absender: Geheime Staatspolizei. Ich las nur: »Betrifft: Abwanderung«, da wußte ich schon Bescheid. Ich stürzte mit dem Schreiben zu Mutter in die Küche.

»Wann ist das gekommen?«

»Vor etwa einer Woche, Termin ist übermorgen.«

Meine Hände zitterten, ich setzte mich an den Küchentisch und überflog den Abtransportbefehl genauer. Mutter sollte sich tatsächlich übermorgen ab acht Uhr bereithalten; ein paar Kilo Gepäck waren erlaubt, Proviant, aber keine Gabeln oder Messer; sinnigerweise wurde darauf hingewiesen, daß Haustiere nicht mitgenommen werden durften. Sehr witzig, dachte ich, was will man auch mit einem Haustier im KZ?!

»Und der Doktor?« fragte ich Mutter. Sie brühte gerade den Kaffee auf, drehte sich zu mir um.

»Der fand das zu riskant, nur mit Attesten zu arbeiten. Davon lassen die sich schon lange nicht mehr beeindrucken. Er sagte: ›Frau van Laak, da muß Ihr Sohn her!‹ Also schrieb er das Telegramm.«

In mir stieg jetzt eine gehörige Portion Wut hoch: »Es ist doch wohl nicht zu fassen! Ich reiße mir in Rußland den Arsch auf für Deutschland, und hier soll hinter meinem Rücken meine Familie zerstört werden! Ich muß sofort weg; den Kaffee trinke ich später.«

»Wo willst du hin?« rief Mutter hinter mir her, während ich mich im Flur wieder anzog.

»Denen werde ich's zeigen! Mit mir nicht! Saubande! Die sollen mal sehen, was ein deutscher Soldat ist!«

Und schon war ich draußen, hastete zur Straßenbahn. Ich hatte mich noch nicht einmal gewaschen und rasiert. Aber das war mir jetzt egal, es blieb nicht mehr viel Zeit.

Die Gestapo-Stelle für den Abtransport befand sich im ehemaligen Prinz-Ludwig-Palais, Ecke Brienner-/Türkenstraße. Den Abtransportbefehl hatte ich eingesteckt. Anhand des Briefkopfes wußte ich genau, in welches Zimmer ich gehen mußte. Auf dem kahlen Gang standen etwa zehn Leute in einer Schlange vor dem Zimmer, in das ich gehen mußte. Ich zögerte zunächst, blieb neben der Schlange stehen. Es waren alles Juden, Männer und Frauen, ein Paar hatte ein etwa vierjähriges Mädchen dabei. Alle hatten den Judenstern auf Mantel oder Jacke aufgenäht. Sie blickten dumpf und gedemütigt zu Boden, würdigten mich keines Blickes. Ich war ja auch einer von »denen«, in deren Händen ihr Leben lag.

Auch wenn meine Uniform alles andere als vorschriftsmäßig war, konnte man mich doch hoffentlich immer noch als Unteroffizier erkennen. Ich ging an der Schlange vorbei und trat, ohne anzuklopfen, ein. In dem Zimmer saßen zwei Männer hinter ihren Schreibtischen. Sie schauten verwundert auf, als ich zur Tür hereinkam. Sie musterten mich von oben bis unten – und noch mal von unten bis oben. Ich sah wohl wirklich ziemlich ramponiert und »abgerissen« aus. Immerhin fand der eine dann seine Sprache wieder.

»Ach, ein Unteroffizier. Wie sehen Sie denn aus?«

Er nahm den Mund ziemlich voll, hatte offensichtlich keinen Respekt.

Ich herrschte ihn an: »Hören Sie, ich komme gerade von der Front! Rußland. Das ist alles andere als ein Gala-Abend im Smoking! Aber davon haben Sie hier in der warmen Stube wahrscheinlich keinerlei Ahnung! Auch nicht davon, daß unsere Jungs da draußen verrecken, für Deutschland!«

Jetzt war er ein bißchen erschrocken, wurde etwas höflicher: »Was kann ich für Sie tun?«

Der andere blätterte in irgendwelchen Unterlagen, wollte sich offensichtlich raushalten. Ich holte tief Luft und sagte in sehr selbstbewußtem Tonfall: »Es geht um den Fall LvL, wenn Ihnen das was sagt.«

Er überlegte kurz: »LvL, nie gehört, was soll das sein?«

»Leonie van Laak«.

Ich wurde ungeduldig. Der Bursche wurde wieder frecher: »Hey, was haben denn Sie als Soldat, als Unteroffizier noch dazu, mit einer Jüdin am Hut? Stehlen uns die Zeit wegen einer Jüdin?!«

Jetzt blickte der andere Gestapo-Charge von seinen Papieren auf und murmelte: »Juda, verrecke!«

Ich ignorierte diesen Schnösel und wandte mich wieder dem ersten zu: »Diese Jüdin Leonie van Laak ist meine Mutter! Haben Sie noch eine Mutter?«

Er wurde etwas kleinlaut: »Ja, wieso?«

»Also«, jetzt wurde meine Stimme lauter, »lassen Sie diese Frau in Ruhe! Wie Sie richtig erkannt haben, trotz der verdreckten und verknitterten Uniform bin ich Unteroffizier, habe mir drei Tage und drei Nächte um die Ohren geschlagen, um von der Ukraine hierher nach München zu kommen! Ich bin dort für Deutschland an der Front! Haben Sie gehört?! Während Sie hier nur Akten abzeichnen und Abtransportbefehle unterschreiben, halte ich dort meinen Kopf hin. Und zwar auch für Sie, meine Herren!«

Beim letzten Satz war ich noch etwas lauter geworden, so daß auch der zweite Mann erschrocken von seinen Unterlagen aufsah.

»Sie kommen direkt von der Front?« fragte er ungläubig.

»Jawohl«, antwortete ich, »drei Tage auf der Schiene, keine Fahrpläne, schlecht geschlafen, nicht rasiert, und Sie wollen hier die Mutter eines deutschen Soldaten abtransportieren! Schämen Sie sich eigentlich nicht?!«

Die beiden sahen sich betroffen an; mein Auftritt schien Eindruck zu machen. Aber ich war mir noch nicht sicher, ob ich mein Ziel schon erreicht hatte. Deshalb setzte ich noch einen drauf: »Und wenn Sie's ganz genau wissen wollen, ich bin zum Eisernen Kreuz 2. Klasse vorgeschlagen und soll auf die Offiziersschule! Jetzt sind Sie dran, meine Herren!«

Wieder blickten sie sich an, der zweite zuckte mit den Schultern, während der erste ein Blatt Papier nahm: »Wie war noch der Name?«

»Van Laak, Leonie van Laak.«

»Herr van Laak«, meinte er jetzt erstaunlich höflich, »ich werde mit der Transportleitung Kontakt aufnehmen und das Nötige veranlassen.«

»Das wird auch das beste sein«, sagte ich mit subtilem drohenden Unterton.

Ich war über mich selbst erstaunt, daß ich einen solchen Auftritt aufs Parkett legte. Dabei war mir eher mulmig zumute. Geheime Staatspolizei! Die waren zu allem fähig. Während ich zur Tür ging, rief mir der erste Beamte nach: »Und wie ist es in Rußland gelaufen? Alles unter Kontrolle? Man hört ja hier nichts.«

Ich hatte keine Lust, von dem Desaster zu erzählen, von den Toten auf dem Schlachtfeld, von den Briefen an die Angehörigen, von den Gräbern, von den Morden an den Juden. Ich war plötzlich nur traurig und sagte im Hinausgehen: »Ja, ja, irgend jemand wird schon alles unter Kontrolle haben.«

Trotzdem war ich erleichtert. Ich hatte den Eindruck,

daß dieser Gestapo-Mann es ernst gemeint hatte. Zu Hause wollte Mutter wissen, wo ich gewesen sei. Auch Dorle war inzwischen da. Ich erzählte von meinem Besuch bei der Gestapo und schilderte alles so eindrucksvoll, daß Mutter und Dorle glaubten, die Gefahr sei nun vorüber. Ich blieb noch skeptisch. Erst die nächsten Tage würden zeigen, ob mein Auftritt tatsächlich Erfolg gehabt hatte. Zum ersten schien die Lage aber gerettet und die Stimmung gehoben: Wir konnten Wiedersehen feiern.

Am Tag des angekündigten Abtransports geschah nichts. Mutter hatte nicht gepackt. Wir waren davon überzeugt, daß der »Kelch« an uns vorübergehen würde. Zwar lugten wir morgens immer wieder verstohlen aus dem Fenster, aber kein Fahrzeug rollte vor. Gegen Mittag waren wir uns sicher: Jetzt war es überstanden!

Auch die nächsten Tage blieben ruhig; Mutters Arzt kam vorbei, untersuchte sie, verschrieb ihr weitere Medikamente. Ich dankte ihm, daß er mir das Telegramm geschickt hatte. Ohne diesen verschlüsselten »Hilferuf« wäre Mutter vielleicht jetzt auf dem Weg ins Konzentrationslager.

Aber auch wenn diese Attacke abgewendet war, bestand doch kein Zweifel daran, daß die Verfolgung weitergehen würde. Es war nur ein Aufschub. Wir hatten nur etwas Zeit gewonnen.

Meine eigene Zeit flog auch dahin: In drei Tagen mußte ich wieder auf die Schiene, zurück nach Rußland an die Front. Während ich in München war, ging mir natürlich immer wieder die Frage durch den Kopf, ob ich das Angebot der Offizierslaufbahn annehmen sollte oder nicht. In diese Gedanken mischte sich mein Auftritt bei der Gestapo: Sicher würde man dort Nachforschungen anstellen, sich erkundigen, wer ich bin, wie und warum ich zum Heer gekommen war. Ich mußte die Flucht nach vorne antreten.

Es gab keinen anderen Ausweg. Meine Entscheidung für die Offizierslaufbahn würde mich zunächst als »guten deutschen Soldaten« erscheinen lassen – und damit meinen Schutz für Mutters Leben verbessern. Ob ich »auffliegen« würde – das war mein Risiko.

In den noch verbleibenden Tagen versuchte ich, ein paar alte Freunde aufzusuchen. Ich mußte feststellen, daß der Krieg so manche Lücke geschlagen hatte. Peter von unserer damaligen Clique bei »Dietrich Eckart« in der Kaulbachstraße war in Rußland gefallen, Manfred war in Nordafrika verschollen. München kam mir gespenstisch vor. Am vorletzten Abend suchte ich die Kneipe auf, in der ich Schorsch Neuner vermutete. Er war tatsächlich da und natürlich überrascht, mich zu sehen. Ich erzählte ihm vom Anlaß meines Besuchs – und vom Ergebnis. Er war beruhigt, gab mir einen Wein nach dem anderen aus; später kamen noch ein paar Freunde von ihm dazu, es wurde sehr spät und äußerst feucht-fröhlich. Ich fühlte mich wieder jung, ich hatte doch trotz aller bedrückenden Erlebnisse noch alles vor mir.

Schorsch sah das genauso: »Mensch, Junge, wie alt bist du jetzt? Zweiundzwanzig? Ist doch kein Alter! Noch einen Wein für den Gert! Feste muß man feiern, wie sie fallen! Diesen Luxus wirst du bald nicht mehr haben. Also Prost!«

Wir stießen miteinander an, auch die anderen am Tresen prosteten mir zu. Mit zunehmendem Alkoholpegel wurde die Stimmung immer ausgelassener, und ich konnte für einen Abend meine Sorgen und die bevorstehende Rückkehr an die Front vergessen.

Der Abschied von Mutter und Dorle war schmerzlich. Sie brachten mich zum Bahnhof. Als wir am Gleis standen, waren uns die Kehlen zugeschnürt.

Mutter umarmte mich: »Junge, komm gesund wieder! Paß auf dich auf!«

»Werde mein Bestes tun, zu Befehl!« versuchte ich zu scherzen.

Aber es gelang nicht. Vor mir tauchte immer und immer wieder der Gedanke auf, daß bald wieder solch ein Abtransportbefehl kommen könnte. Ein Ende des Krieges oder gar ein Ende Hitlers war nicht abzusehen. Das Damoklesschwert hing weiter über uns. Ich mußte mich auch weiterhin auf alles gefaßt machen. Schweren Herzens stieg ich in den Zug, winkte aus dem Fenster. Mutter und Dorle winkten zurück, bald waren sie außer Sichtweite. Ich ließ mich auf den Abteilsitz zurückfallen, schloß die Augen. Also, Unteroffizier van Laak, Zähne zusammengebissen, jetzt geht's erst mal wieder an die Front, wo du hingehörst. Und dann an die Offiziersschule. Ich wußte zwar nicht, was mich da erwarten würde, aber mein Entschluß war – trotz aller Risiken – gereift. Es war ein Vabanque-Spiel: Es konnte ja durchaus sein, daß die Gestapo nach meinem großspurigen Auftritt in der Briennerstraße tatsächlich meinen Werdegang nachrecherchieren würde, gar meine Personalunterlagen vom Wehrbereichskommando anfordern würde. Ich schätzte diese Möglichkeit für sehr wahrscheinlich ein. Andererseits: Dann wären die Papiere für die Offiziersschule erst mal nicht greifbar. Es wäre also sogar ein Zeitgewinn. Der nächste Transporttermin war erst in einem halben Jahr, und bis dahin konnte ich mich als Offiziersanwärter schon etabliert und bewährt haben! Das wäre eine Möglichkeit, der Münchner Gestapo noch eins auszuwischen!

Die Fahrt war wieder sehr strapaziös, aber ohne besondere Vorkommnisse. An unserer Stellung angekommen, meldete ich mich gleich beim Kommandeur. Er war Mensch genug, sich nach meiner Mutter zu erkundigen.

Ich verzog keine Miene: »Es war kritisch, aber jetzt ist sie erst mal über den Berg. Ich hoffe, ihr Zustand stabilisiert sich.«

»Sie hatten sich Bedenkzeit auserbeten, Unteroffizier van Laak, haben Sie jetzt eine Entscheidung über die Offiziersschule getroffen?«

»Jawohl, Herr Oberst«, sagte ich mit meiner ganzen Überzeugungskraft, »es ehrt mich, daß Sie mich zum Offizierslehrgang vorschlagen. Ich nehme an.«

»Gut so, van Laak«, meinte der Kommandeur befriedigt und notierte sich etwas auf einem Zettel, »ich habe Sie vorgemerkt. Der nächste Lehrgang beginnt in drei Wochen. Bis dahin müssen Sie hier noch ein bißchen Dienst schieben. Wird Ihnen ja wohl nicht schwer fallen, oder?«

»Nein, Herr Oberst«, beeilte ich mich zu sagen und war heilfroh, daß er sich nicht weiter nach der Krankheit meiner Mutter erkundigt hatte.

Meine Antwort war auf zweideutige Weise ehrlich. Es war kritisch. Daß sie »erst mal über den Berg« war, wollte ich zwar gerne glauben, aber die nächste Krise würde bestimmt kommen. Ob der »Zustand sich stabilisieren« würde, stand allerdings in den Sternen. Nein, ich war froh, daß man hier von einer bedrohlichen Krankheitsgeschichte meiner Mutter ausging und dem Telegramm des Arztes Glauben geschenkt hatte.

Die Vorbereitungen für den nächsten Angriff auf die Halbinsel Kertsch waren während meiner Abwesenheit weitergegangen, wir mußten auch die nächsten Tage ständig Übungen durchführen, die Geräte auf Vordermann bringen, unsere Stellungen weiter ausbauen und befestigen. Ich war jetzt in einem anderen Unterstand, von den dortigen Kameraden kannte ich keinen näher. Aber ich betrachtete diese Zeit sowieso nur als »vorübergehend«, ich sollte ja nach Jüterbog. Also nahm ich alles nicht gar so ernst, hatte auch kein Interesse, größere persönliche Kontakte zu den Kameraden im Unterstand zu knüpfen.

Ich zählte die Tage, die Nächte. Alles war zur Routine geworden, auch wenn es immer hieß, wir würden den nächsten Angriff viel präziser und schlagkräftiger durchführen. Drei Wochen nach meiner Rückkehr aus dem Heimaturlaub erhielt ich endlich den Bescheid vom Kommandeur: in zwei Tagen Abfahrt nach Homburg/Saar, von dort nach Jüterbog. Ich konnte es kaum erwarten und hatte nur die große Hoffnung, daß meine Rechnung aufgehen würde.

# V

# ETAPPE

In der »Zwischenstation« Homburg hatten wir ein angenehmes Leben. Mit den drei anderen Unteroffizieren auf meiner Stube verstand ich mich gut, der Dienst war leicht und locker. Kein Vergleich mit der Front. Und auch die menschlichen, sprich: männlichen Regungen kamen hier nicht zu kurz. Was in der ukrainischen Steppe fast ins Jenseits gerückt schien, war hier greifbar nahe. An jedem Samstag kamen nachmittags viele junge Mädchen aus Zweibrücken, Saarlouis oder Saarbrücken nach Homburg und flanierten die Hauptstraße entlang. Natürlich taten sie dies nicht, um das Stadtbild zu genießen, sondern um Anschluß zu finden. Meine Kameraden hatten bereits ihre Verhältnisse zu einheimischen jungen Damen: Der eine ging bei der Verkäuferin eines Lebensmittelladens ein und aus, der andere hatte es auf die Bedienung in einem Metzgerladen abgesehen. Das hatte sein Gutes: Unsere Stube war immer ausreichend mit Lebensmitteln, Zigaretten und Alkohol versorgt.

Ich selbst hatte keine größeren Ambitionen, hier in der Fremde die große Liebe zu suchen. Ein paar kleine Flirts waren ausreichend, um mir zu bestätigen, daß ich Chancen hatte.

Eigentlich hätte diese geruhsame Zeit so weitergehen können, aber natürlich wartete ich darauf, nach Jüterbog weitergeschickt zu werden. Doch eines Tages wurde ich zum Regimentsstab gerufen. Mit gemischten Gefühlen ging ich hin. Sollte tatsächlich ...?

Der Oberst hatte einen Stoß Papiere in der Hand, blätterte darin, schüttelte immer wieder den Kopf: »Van Laak, das darf doch alles nicht wahr sein!«

Das waren meine Papiere vom Generalkommandeur. Es war passiert. Jeder konnte nachlesen, daß ich kein reiner »Arier« war.

Der Oberst war ratlos: »Aber Sie sind doch ein guter deutscher Soldat, haben das Zeug zum Offizier! Mensch, van Laak, was soll ich bloß mit Ihnen machen?«

Darauf wußte ich natürlich auch keine Antwort. Ich wußte nur: Wenn es nach der Vorschrift ging, war ich entlassen.

»Passen Sie auf«, sagte der Oberst, »ich werde jetzt beim Wehrkreis nachfragen, ob es da nicht eine andere Möglichkeit gibt. Wär doch wirklich zu schade, Sie nach Hause zu schicken. So Leute wie Sie brauchen wir doch!«

Dieses Kompliment tat mir gut, aber viel Hoffnung hatte ich nicht.

Die Antwort vom Wehrbereich kam ziemlich rasch: Verordnung ist Verordnung, da gibt es keine Ausnahmen.

Der Oberst geriet darüber ziemlich in Rage: »Was bilden die sich eigentlich ein? Wollen uns die besten Leute wegholen! Nee, van Laak, mit mir nicht. Jetzt gibt's nur noch eine Möglichkeit: Sie schreiben an General Schmundt in Berlin, der ist Personalchef des Heeres. Ich kenne ihn. Schildern Sie ihm die Situation, Sie können ihm ruhig einen Gruß von mir bestellen. Wäre doch gelacht ...«

Also ein Brief an General Rudolf Schmundt. Mich direkt an ihn und damit ans Heerespersonalamt zu wenden, war eine Umgehung des offiziellen Dienstweges. Aber außergewöhnliche Situationen erfordern außergewöhnliche Maßnahmen. Ich schrieb ihm, daß mein Vater im Ersten Weltkrieg Oberleutnant gewesen war, daß er das Eiserne Kreuz erhalten hatte, daß er vor fast sieben Jahren an den Folgen seiner Kriegsverletzungen gestorben war. Und ich versuchte, möglichst überzeugend darzulegen, daß ich gerne Soldat war, daß ich mich geehrt fühlte, die Offizierslaufbahn einzuschlagen. Die wichtigsten Personalunterlagen steckte ich mit in den Umschlag, dann ging der Brief nach Berlin.

Die Kameraden hatten natürlich mitbekommen, was mit mir los war. Es gab keinen, der sich von mir distanziert hätte – im Gegenteil, es war eine ungeheure Solidarität zu spüren. Wachtmeister Jungblut beispielsweise, der demnächst heiraten wollte, sagte spontan zu mir: »Du wirst mein Trauzeuge, Gerhard. Bei uns wird niemand im Regen stehengelassen!«

Das fand ich geradezu rührend, aber es stellte sich bald heraus, daß auch diese Idee einen Haken hatte.

Jungblut kam vom Standesamt zurück und eröffnete mir: »Die spinnen jetzt total! Wollten für die Trauzeugen eine Bestätigung, daß sie arisch sind. Das ist doch wohl das Allerletzte!«

Und schon hatte mich die »Sache« wieder eingeholt. Aber Jungblut fand einen Kompromiß: Für die kirchliche Trauung mußten die Trauzeugen eine solche Bestätigung nicht einreichen; also mußte ich nur beim Standesamt von einem anderen Kameraden ersetzt werden.

Eine Woche vor der Hochzeit kam eine Antwort aus Berlin: Meine Entlassung war zunächst zurückgestellt, eine endgültige Entscheidung sollte folgen. Der Oberst teilte dies dem Wehrbereichskommando mit. Ich war ein wenig erleichtert, schöpfte Hoffnung und konnte mich auf Jungbluts Hochzeit freuen.

Selbst in diesen Kriegszeiten wollte der Bräutigam nicht auf einen gewissen »Pomp« verzichten: Eine Kutsche mußte her. Er organisierte sie bei einem Bauern, der zehn Kilometer außerhalb von Homburg seinen Hof hatte. Am Morgen des großen Tages wurde die Kutsche über und über mit Blumen geschmückt, und dann fuhren wir in die Stadt, um die Braut abzuholen. In ihrem langen weißen Kleid sah sie noch hübscher aus, als sie sowieso schon war. Die Verwandtschaft fuhr in drei Autos hinter der Kutsche her, und am Standesamt hieß es für mich: draußenbleiben. Mein »Stellvertreter«, Unteroffizier Langer, war zusammen mit einer Freundin der Braut der Trauzeuge bei dieser gesetzlichen Zeremonie. Ich wartete draußen und unterhielt mich mit dem Kutscher. Als das frisch vermählte Paar herauskam, herrschte großer Jubel, Passanten blieben stehen, der Fotograf schoß zahllose Fotos. Ich gratulierte den beiden, sie nahmen mich sogar in ihre Mitte und baten den Fotografen, ein Bild zu schießen.

»So«, sagte Jungblut zu mir, »das war die Pflicht, und jetzt kommt die Kür. Sei mir ja ein guter Trauzeuge, Gerhard!«

Er klopfte mir auf die Schulter, und wir mußten alle lachen. Die kirchliche Trauung war herrlich romantisch, der Organist hatte besonders rührselige Stücke ausgesucht. Die Brautmutter hatte schon beim Präludium feuchte Augen. Alles ging glatt, Herr und Frau Jungblut brachten sogar bei der obligatorischen Frage des Pfarrers, ob sie sich die Treue halten wollten, »bis daß der Tod Euch scheidet«, ein lautes und klares »Ja« heraus. Dann setzte die Orgel wieder ein, der Brautmutter kullerten jetzt die Tränen ungehindert über die Wangen.

Eine Hochzeit, von der alle träumen können, nur, daß der Trauzeuge van Laak mit seinen Gedanken ganz woanders war. Während des Gottesdienstes mußte ich immer wieder an die Herren vom Wehrbereichskommando denken, die sich aufgrund meines Vorstoßes in Berlin übergangen fühlen mußten. Sie würden mir das übelnehmen und jetzt erst recht stur bleiben. Aber eigentlich saß General Schmundt am längeren Hebel. Ob der sich allerdings wegen mir, wegen eines »Halbjuden« auf einen Clinch mit München einlassen würde?

Das Schlußspiel des Organisten riß mich aus meiner Grübelei. Alle standen auf, und Brautpaar, Trauzeugen und Verwandte schritten durch den Mittelgang aus der Kirche hinaus. Die anschließende Feier in einem angemieteten Lokal war sehr ausgelassen und feucht-fröhlich. Jungblut gestattete mir sogar einen Tanz mit seiner Angetrauten. Aber so richtig kam ich nicht in Stimmung, die ungeklärte Situation nagte an meinem Innersten.

Ein paar Tage später kam ein Bescheid vom Wehrbereichskommando. Man bestand auf der Erfüllung der Vorschriften: Entlassung. Der Oberst wollte damit noch nicht aufgeben: »Warte, van Laak, die sollen mich erleben. Immerhin haben wir den Bescheid von Schmundt, darüber können die sich nicht so einfach hinwegsetzen.«

Er wandte sich erneut schriftlich an das Wehrbereichskommando, verwies noch mal auf Berlin. Für mich folgten wieder Tage des Hoffens und Bangens. Der nächste Bescheid kam dann etwa nach zehn Tagen, und der war endgültig: unwiderruflich wurde meine Entlassung verfügt; im Hinblick auf die Intervention des Heerespersonalamts wurde nur lapidar darauf hingewiesen, daß ich über dieses ja meine Wiedereinstellung betreiben könne.

»Tut mir leid, van Laak, jetzt weiß ich auch nicht mehr weiter, tut mir wirklich aufrichtig leid«, sagte der Oberst.

Ich nahm ihm das ab, er hatte sich ernsthaft für mich eingesetzt.

Am Abend des 14. Juni 1942 hieß es Abschied nehmen. Zehn Unteroffiziere brachten mich zum Bahnhof in Homburg. Viel reden konnten wir nicht auf der Fahrt, es war eine gedrückte Stimmung. Das Ohnmachtsgefühl war es, das uns so fertig machte. Nichts konnte man tun, man war der Willkür – den willkürlich erlassenen Gesetzen und Verordnungen – schutzlos ausgeliefert.

Am Bahnsteig versuchten einige der Kameraden krampfhaft, die Atmosphäre mit ein paar Witzen aufzulockern, aber es gelang nicht.

Jungblut, der ebenfalls mitgekommen war, meinte: »Komm, Gerhard, wer weiß, wozu es gut ist. Wir müssen vielleicht an der Front dran glauben. Du kommst vielleicht heil davon, sieh das doch mal aus dieser Perspektive.«

»Und meine Mutter?« wußte ich darauf nur zu sagen.

Der Zug fuhr ein, ich hatte einen dicken Kloß im Hals.

»Macht's gut, Jungs, paßt auf euch auf«, war das einzige, was ich rausbrachte.

Wir gaben uns die Hand, ein paar Kameraden umarmten mich. Dann schulterte ich mein Gepäck und stieg schweren Herzens ein.

Zum Glück war der Zug nicht voll, ich fand bald ein leeres Abteil. Ich mußte allein sein, Gequatsche von Mitreisenden hätte ich nicht ertragen. Nachdem ich das Gepäck verstaut hatte, streckte ich mich auf der Bank aus und schloß die Augen. Das gleichmäßige Rattern des Zuges wirkte beruhigend. Das war's gewesen, aus, vorbei, entlassen.

Wie sollte es jetzt weitergehen? Ich fühlte mich aus der Bahn geworfen – aus der Bahn, in die mich mein persönliches Schicksal und der Krieg geführt hatten und die ich ja auch bewußt angestrebt hatte. Nun war ich wieder auf mich alleine gestellt, mußte mit dieser neuen

Situation zurechtkommen. Kein Mensch weit und breit, der mir hätte helfen können. Wie auch? Ich beneidete meine Altersgenossen, die »nur« mit Überlebensfragen zu kämpfen hatten; im Kampf mit ihrem »Gegner« konnten sie wenigstens die Gewißheit haben, daß ihre Umwelt, ihre Familie und Freunde sie unterstützten. Das gab Rückhalt und Sicherheit – Dinge, die ich während meiner soeben beendeten Soldatenzeit vermißt hatte. Gut, die innere Einsamkeit und Unsicherheit hatte ich durch die meist oberflächliche Kameradschaft in der Kaserne oder an der Front zu kaschieren versucht. Neckische Spielchen wie das Bombardement des Freundes Hupfer mit den Wasserbeuteln in Belgien, die Puff-Arie mit Zuschauern oder der Briefkontakt mit den Mädchen vom Lyzeum in Feldafing gehörten ebenso zu dieser Ablenkung vom Alleinesein wie die Hasenjagd oder das Erlegen der Kuh auf der Krim. Aber es war immer nur ein Ablenken, das mir meine persönliche Situation vorübergehend aus dem Sinn wischte.

Jetzt aber, auf der Heimfahrt nach München, holte sie mich ein, jetzt gab es kein Entrinnen mehr. Sämtliche Fluchtwege waren abgeschnitten, ich war auf mich selbst zurückgeworfen, mit mir selbst ganz alleine und einsam. Welche Möglichkeiten gab es jetzt noch, Mutter zu schützen? Vielleicht könnte ich irgendeinen Weg finden, sie ins Ausland zu bringen. Oder ich müßte mit allen nur erdenklichen Mitteln versuchen, wieder zur Truppe zurückzukommen. Aber wie? Und mit welcher Begründung? Meine Papiere waren ja jetzt beim Wehrbereichskommando bekannt. Noch mal an General Schmundt in Berlin schreiben? Aber ohne die Unterstützung durch den Oberst in Homburg, der jetzt weit weg war, hatte das keinen Sinn. Und selbst er hatte trotz seiner guten Kontakte meinen Rauswurf nicht verhindern können. Nein, mir mußte etwas anderes einfallen. Aber was?

Plötzlich hielt der Zug auf freier Strecke; wir mußten kurz vor Mannheim sein. In der Ferne konnte man Flakfeuer hören. Scheinwerfer tasteten den Himmel ab, wahrscheinlich gab es einen Luftangriff auf die Anilin-Werke in Ludwigshafen. Sicher Engländer, dachte ich, während ich mir neben den Gleisen die Füße vertrat und das Schauspiel beobachtete. Also immer noch Fliegerangriffe. Wie mag bloß München aussehen? Nach einer halben Stunde ging die Fahrt weiter, ich machte es mir in dem leeren Abteil wieder bequem, wollte gerade ein bißchen eindösen, als die Feldpolizei durch die Wagen ging und die Papiere kontrollierte.

»Na«, sagte einer der beiden Uniformierten, als er meinen Wehrpaß durchgeblättert hatte, »für dich ist der Krieg ja nun vorbei; entlassen, A. V., gratuliere.«

Die Abkürzung »A. V.« stand für »arbeitsverwendungsfähig«. Aber was sollte ich in München arbeiten?

»Schwein gehabt, der Junge«, meinte der andere noch.

»Das muß sich erst herausstellen«, sagte ich, worauf die beiden mich fragend anblickten.

Ich sagte lieber nichts mehr, zuckte mit den Schultern. Der erste gab mir meinen Paß zurück, und die beiden zogen weiter.

Wieder war ich mit meinen Gedanken alleine. Ich müßte Schorsch Neuner in München aufsuchen, vielleicht hat der eine Idee, dachte ich. Oder ob Mutters Arzt ihr eine dauerhafte Transportunfähigkeit bescheinigen könnte? Aber davon würde sich die Gestapo sicher nicht beeindrucken lassen. Und jetzt, nachdem ich kein Soldat mehr war, konnte ich auch keine frechen Auftritte mehr wagen. Ich mußte nach neuen Wegen suchen, improvisieren. Aber aufgeben, klein beigeben? Niemals!

In Stuttgart war es vorbei mit der angenehmen Ruhe im Abteil. Ein älteres Ehepaar und ein Soldat stiegen zu, ich konnte nicht mehr ausgestreckt liegen. Noch über zweihundert Kilometer bis München; ich schaute nach draußen auf den Bahnsteig: Die Bahnhofsuhr zeigte kurz nach drei. Der Zug rollte wieder an, verließ den Sackbahnhof. Der Soldat saß mir direkt gegenüber, er war schon etwas älter, vielleicht dreißig bis fünfunddreißig.

»Heimaturlaub?« fragte er mich.

»So ungefähr«, meinte ich lapidar, einem Fremden wollte ich meine Geschichte sicher nicht erzählen.

»Ich hab meinen gerade hinter mir«, fuhr er fort, »muß jetzt zur Ersatzabteilung nach Bad Aibling. Dort werde ich dann einem neuen Feldtruppenteil zugeordnet.«

Er wickelte sich in seinen Mantel ein, kauerte sich auf

den Sitz: »Mal sehn, ob ich noch ein bißchen schlafen kann.«

Er konnte, und sein kurz darauf einsetzendes Schnarchen war fast lauter als das Gespräch des älteren Ehepaares. Die Frau sah ausgemergelt aus mit rot unterlaufenen Augen. Den Gesprächsfetzen, die trotz der Schnarchgeräusche des Soldaten zu mir drangen, konnte ich entnehmen, daß ihr Sohn kürzlich an der Front gefallen sein mußte. Sie tat mir leid, und ich stellte mir vor, welche Schmerzen es Mutter bereiten würde, wenn sie eines Tages einen dieser mir wohlbekannten Formbriefe bekommen würde, wonach ihr Sohn »in Treue zum Vaterland« und so weiter ...

Vielleicht hatte Jungblut doch recht gehabt, und mein »Privileg« bestand darin, heil davonzukommen. Verdammt, das konnte aber nicht alles sein! Ich hatte Verantwortung für die Familie, für Mutter und Dorle. Meine Gedanken kreisten immer wieder um dieses eine Thema. Aber ich kam nicht weiter. Irgendwann schlief ich ein. In sitzender Position zu schlafen, war kein Problem mehr, an der Front hatte es ganz andere »Stellungen« gegeben, in denen wir geschlafen hatten. Ich wachte kurz vor Ulm wieder auf, am Horizont zeichnete sich die Morgendämmerung ab. Schemenhaft huschte die Landschaft vorbei. Heimat! Aber was für eine Heimat? Vor allem: Was erwartete mich in München, was könnte ich jetzt unternehmen? Ich hatte noch keine Antwort gefunden.

# VI

# NEUORIENTIERUNG

München hatte sich ziemlich verändert. Die Spuren des Krieges waren überall zu sehen: zerstörte, verbrannte Häuser, rußgeschwärzte Fassaden. Vor den Kellerfenstern Betonklötze gegen die Druckwellen. Der Krieg war Alltag geworden. Vor zwei Jahren noch, 1940, war ein Bombenangriff eine Sensation gewesen. Als damals die Engländer ihren ersten Angriff auf München flogen und ein Haus in der Schwabinger Wilhelmstraße trafen und zerstörten, war dies am Wochenende ein Anziehungspunkt zahlloser Schaulustiger. Heute hatte man sich an den Anblick der Ruinen gewöhnt, sie gehörten zum Stadtbild. Die ständig neuen Fliegerangriffe wirkten zermürbend auf die Bevölkerung.

Dorle war jetzt neunzehn. Sie war ein hübsches Mädchen geworden und arbeitete als Lehrling im Schauspielhaus. Das Studium an der Meisterschule für Mode hatte sie nicht antreten dürfen – auch dort wurde der Arier-Nachweis gefordert.

Mutter hatte weiterhin zwei Zimmer an Studenten vermietet. Das war aus rein finanziellen Gründen schon notwendig, denn die Kriegerwitwenrente war nicht üppig. Das, was Dorle als Lehrling verdiente, war kaum der Rede wert.

Es fiel mir sehr schwer, mich an das zivile Leben zu

gewöhnen. Daß ich keine Uniform mehr trug, weckte in mir das Gefühl der Schutzlosigkeit, der Nacktheit, des Entblößtseins – den Angriffen der Gestapo wehrlos ausgesetzt. Diese Angriffe würden bald wieder einsetzen, der nächste Abtransporttermin stand sicher schon fest. Aber diesmal konnte ich bei der Gestapo nicht auf meinen Dienst an der Front verweisen. Ich konnte auf gar nichts verweisen, und das machte mich von Tag zu Tag unruhiger.

Ich mußte versuchen, meine Wiedereinstellung als Soldat zu erreichen. Mir war klar, daß die Chancen dafür sehr gering waren, aber ich mußte es probieren. Also stellte ich einen entsprechenden Antrag beim Wehrbezirkskommando. Diesem Antrag mußte ich zahlreiche Unterlagen beifügen, die Aufschluß über meine »richtige« Gesinnung geben sollten: meine damalige Zeit bei der Hitlerjugend, die Zugehörigkeit zum Studentenbund. Diese »Gesinnungskontrolle« wurde von zivilen Stellen durchgeführt, in meinem Fall vom Amt des Gauleiters Giesler. Dort wurden meine Angaben überprüft und beurteilt. Was die militärische Beurteilung betraf, so hatte ich keine Bedenken, denn diese kam vom Feldtruppenteil. Dort war man mir wohlgesonnen. Auch der Vorschlag, mich auf die Offiziersschule zu schicken, würde bei der Beurteilung durch den Feldtruppenteil eine Rolle spielen.

Doch diese Anträge gingen ihren langsamen, bürokratischen Gang. Das Warten war nervtötend, ich war innerlich bis aufs äußerste angespannt. Um mich abzulenken, begann ich, im Garten hinter dem Haus einen Bunker zu bauen. Das Kellergeschoß hatte einen Ausgang nach draußen, und direkt hinter diesem Ausgang, von dem aus man dann in den Bunker gelangen sollte, fing ich an zu graben. Die Nachbarn belächelten mich anfangs, aber als der Graben drei Meter tief war, sahen sie, daß ich es ernst meinte, und einige halfen mit. Damit die Erde nicht nachdrückte, verkleideten wir die Wände mit Holzbohlen. Für die Decke organisierten wir von Häusern, die ausgebrannt und verlassen waren, die bekannten Betonsteine, die vor Kellerfenstern aufgestapelt waren. Ab und zu konnten wir auch einen Sack Zement ergattern, um Zwischenräume zuzubetonieren. Der Bunker erwies sich in der Folgezeit als sehr nützlich, auch Nachbarn fanden darin Schutz. Zum Schluß waren wir siebzehn Leute, die sich bei Fliegeralarm hier unten trafen. Eine Nachbarin war besonders eifrig: Sie hielt sich immer einen Kochtopf über den Kopf, wenn sie zu uns herübergelaufen kam. Wir nannten sie »Tante Luschuwa«, eine Abkürzung für Luftschutzwart.

Ich nahm Kontakt zu Schorsch Neuner auf, ging zu ihm ins Museum. Wir unterhielten uns über meinen Fronteinsatz, dann erzählte ich ihm von meinen Bemühungen, doch wieder eingestellt zu werden. Aber Schorsch Neuner war skeptisch: »Das ist so gut wie aussichtslos; die Gestapo kennt dich ja mittlerweile, ich glaube nicht, daß das klappt.«

Ich war deprimiert und am Boden zerstört. Wenn er

das sagte, mußte das wohl stimmen, er kannte sich bestens aus.

»Aber vielleicht«, schob er nach, »vielleicht kann ich dich der Abwehr empfehlen.«

Ich wurde hellhörig: »Abwehr?«

»Ja, der Spionageverein um Canaris. Du hast doch durch eure Untermieter zahlreiche Kontakte ins Ausland. Vielleicht kann man das als Aufhänger benutzen. Du mußt denen nur interessant genug erscheinen.«

Ich überlegte kurz: Agentenlaufbahn? Ich als Spion zwischen den Fronten?

»Das wäre die einzige Möglichkeit«, sagte Neuner, »um der Gestapo den Wind aus den Segeln zu nehmen. Mit der Abwehr hätten wir einen Gegenpol geschaffen, und es wäre Ruhe.«

Das leuchtete mir ein, wenn auch der Gedanke an eine Spionagetätigkeit sehr fremd und aufregend war. Wahrscheinlich war es aber tatsächlich die einzige Möglichkeit, Mutter aus der Schußlinie zu bekommen.

»Also, was soll ich machen, um da reinzukommen?« fragte ich Schorsch, entschlossen, nach diesem Strohhalm »Abwehr« zu greifen.

»Du brauchst erst mal gar nichts zu tun. Ich bin ja bei dem Verein; ich werde mal mit dem Hauptmann Kurz reden. Der dürfte der richtige Ansprechpartner sein. Ich melde mich dann bei dir.«

Und wieder fing die Zeit des Wartens an. Ich wollte aber nicht immer gelangweilt zu Hause rumsitzen, sondern irgend etwas tun, mir ein paar Mark verdienen.

Über einen Bekannten meiner Mutter erhielt ich einen befristeten Job als Requisiteur für die Dreharbeiten des Märchenfilms »Der kleine Muck«. Das Studio befand sich in einer ehemaligen Turnhalle in der Ganghoferstraße. Für dreißig Reichsmark am Tag hatte ich Dekorationen zu beschaffen. Bei dieser Tätigkeit war Improvisationsgabe gefordert. In diesen Kriegszeiten lief ja nichts mehr normal, man mußte seine Phantasie spielen lassen, um seine Ziele zu erreichen. Zum Beispiel hatten wir in diesem Studio einen Thronsaal auszustaffieren. Woher sollten wir königliche Möbel bekommen? Ich kannte in der Ottostraße eine Prachtvilla, sie gehörte dem Baron Cramer-Klett. Also fuhren wir dorthin und brachten unser Anliegen vor. Die Sessel und das Sofa waren wirklich fürstlich. Der Hausherr war sehr aufgeschlossen und erklärte sich sofort bereit, uns zu helfen. Er hatte auch keine Bedenken, daß sein wertvolles Mobiliar bei einem Bombenangriff auf die Ganghoferstraße zerstört werden könnte: »Da ist kein Unterschied, ob die Sachen jetzt hier oder dort stehen. Das Risiko ist überall gleich.«

Für eine Szene in diesem Film konnte ich auf meine Chemie-Kenntnisse zurückgreifen. Der Königin wurden Perlen gereicht; als sie sie in die Hand nahm – so das Drehbuch –, sollten sie zu Wassertropfen werden. Eine Wahrsagerin hatte ihr das prophezeit: Diese Wassertropfen seien die Tränen, die ihre Tochter in der Gefangenschaft geweint hat.

Wie sollten wir Perlen zu Wasser machen? Von meinen zwei Semestern an der Universität kannte ich noch ein paar Kommilitonen. Ich bat sie, mir zwanzig Perlen anzufertigen, eine jeweils kleiner als die andere, bis die letzte kaum noch sichtbar war. Daraus wurde dann ein Phasentrick: Angefangen bei der größten Perle wurde jedes dieser Kügelchen einzeln aufgenommen, und je kleiner sie wurden, desto mehr Glycerin taten wir dazu. So »verwandelte« sich die Perle in Wasser. Im Film dauerte die ganze Szene dann weniger als eine Sekunde.

Eines Abends stand endlich Schorsch Neuner vor unserer Tür. Er hatte den Kontakt hergestellt!

»Nächsten Mittwoch, Gert! Hauptmann Kurz erwartet dich. Elf Uhr bei der Allianz-Versicherung in der Theresienstraße.«

»Und, was hat er gesagt?« fragte ich ungeduldig.

»Erst mal will er dich kennenlernen, ist doch ganz normal. Ich kann nichts versprechen, aber ich habe ihm von deinen exzellenten Auslandskontakten vorgeschwärmt. Das hat ihn interessiert.«

»Wirklich? Mensch, wenn das klappen würde ...«

»Jetzt geh mal am Mittwoch hin, wird sich schon alles zeigen. Und sei pünktlich.«

Die vier Tage bis zum Mittwoch zogen sich für mich endlos in die Länge. Es hatte geklappt! Wenigstens ein Termin! Das könnte der Beginn eines neuen Kapitels sein. Ich mußte meine Begeisterung zügeln, noch war nichts entschieden. Es konnte ja durchaus passieren, daß Hauptmann Kurz überhaupt keine Verwendung für mich hatte, oder daß es Schwierigkeiten bürokratischer

Art geben würde. Ruhig Blut, Gert, hämmerte ich mir immer wieder ein. Aber es fiel mir verdammt schwer, in dieser außergewöhnlichen Situation gelassen zu sein.

Hauptmann Kurz war ein sehr umgänglicher Mensch. Er begrüßte mich freundlich, bat mich, Platz zu nehmen.

»Nun erzählen Sie mal. Rauchen Sie?«

Er bot mir eine Zigarette an, die ich dankbar annahm, um meine Nervosität ein bißchen zu überspielen. Schorsch Neuner hatte mir geraten, dem Hauptmann gegenüber alle Karten auf den Tisch zu legen. Totale Offenheit sei bei ihm das Wichtigste. Außerdem sei er alles andere als ein Nazi, zu ihm könne man vollstes Vertrauen haben. Also erzählte ich ihm die Geschichte meiner Familie und auch meine Geschichte als Soldat. Er hörte sehr geduldig zu, stellte nur wenige Zwischenfragen, war ganz bei der Sache und hatte offensichtlich Verständnis für meine Situation. Als ich mit der Schilderung meines Rauswurfes aus der Armee geendet und meinen Wunsch nach einer Verwendung bei der Abwehr geäußert hatte, fragte er ganz sachlich: »Und wie würden Sie sich Ihre Tätigkeit als V-Mann vorstellen?«

Es war wie ein Bewerbungsgespräch, aber ich wollte jetzt keine Lobeshymnen auf meine Kenntnisse und Fähigkeiten singen, sondern ganz nüchtern bleiben. Auch wenn ich von Schorsch Neuner wußte, daß Hauptmann Kurz kein eingefleischter Nazi war, wollte ich doch zu erkennen geben, daß ich mich von der »Zugehörigkeit« her als Deutscher fühlte: »Ich möchte beweisen, daß ich ein genauso guter Deutscher bin wie alle anderen! Ich habe es satt, immer nur als halbe Portion angesehen zu werden. Immerhin habe ich bereits gezeigt, daß ich meinen Kopf für Deutschland hinhalten kann. Ich will endlich für voll genommen werden.«

»Gut«, sagte Hauptmann Kurz, »und was versprechen Sie sich davon?«

»In erster Linie, und das können Sie sicher aufgrund meiner Schilderung verstehen, will ich natürlich erreichen, daß meine Familie in Ruhe gelassen wird. Aber das dürfte für Sie ja dann kein Problem sein.«

Hauptmann Kurz zog die Augenbrauen etwas hoch, rückte näher an seinen Schreibtisch und stützte sich auf den Ellenbogen auf. Er war immer noch freundlich, wenn auch jetzt ziemlich bestimmt.

»Mein Lieber, so einfach ist das nicht«, sagte er und bot mir wieder eine Zigarette an. Ich griff danach, Feuer hatte ich selbst.

»Sie müßten«, fuhr er fort, »schon ein paar Auslandsreisen machen, damit Sie als V-Mann anerkannt werden. Wissen Sie«, er drehte sich um und schaute aus dem Fenster, wandte sich dann wieder mir zu, »auch die Abwehr hat ihre Feinde, das glauben Sie gar nicht. Gerade die Kreise, mit denen Sie es zu tun haben, intrigieren ziemlich frech gegen uns. Und vor allem wird es schwierig sein, Sie einfach als Angehörigen der Abwehr aufzunehmen mit all dem dazugehörigen Papierkram, wo Sie doch gerade erst aus dem Heer entlassen worden sind. Das bringt Irritationen. Auch wir müssen bei Neueinstellungen zunächst beim OKW. nachfragen. Aber ich werde tun, was ich kann.«

Damit war das Gespräch beendet, und ich war so schlau wie vorher. Doch Hauptmann Kurz hielt Wort: Nach einer Woche erhielt ich von ihm einen Anruf: »Bitte kommen Sie doch morgen mal bei mir vorbei«.

War es jetzt soweit? Konnte ich im Auftrag der Abwehr auf Reisen gehen? Wieder überkam mich diese Anspannung. Die Nachricht, die mir Hauptmann Kurz am nächsten Tag übermittelte, war niederschmetternd: »Tut mir wirklich leid, van Laak, aber das OKW. hat Ihre Einstellung als V-Mann abgelehnt.«

Ich war wie vor den Kopf geschlagen, wußte nicht, was ich sagen sollte. Er sah mir meine Niedergeschlagenheit an, überlegte und meinte dann: »Die einzige Möglichkeit, die ich für Sie sehe, wäre der Überzeugungstäter.«

Ich verstand nicht, fragte nach: »Was heißt das?«

»Das sind Männer, die für uns arbeiten, ohne gemeldet zu sein. Das heißt, sie tun dies aus Überzeugung, ohne Bezahlung, kommen für ihre Unkosten selbst auf; ihr Risiko ist: Kein Mensch hier kennt sie offiziell, und eine Rückversicherung gibt es natürlich auch nicht.«

Ich überlegte fieberhaft hin und her. Welche Chance hatte ich sonst? Wahrscheinlich keine. Ich mußte diesen kleinen Zipfel ergreifen und festhalten.

»Können Sie mir bei der Beschaffung eines Passes und eines Visums nach Spanien behilflich sein?« fragte ich den Hauptmann nach einer Weile.

Er überlegte kurz, meinte dann: »Wenn Sie genau darlegen können, warum Sie nach Spanien wollen, ja. Aber das muß stichhaltig sein. Also genaue Angaben über Ihr Vorhaben, sonst geht nichts.«

Das konnte ich natürlich nicht so aus dem Ärmel schütteln und bat Hauptmann Kurz, mir eine Woche Zeit zu geben; ich würde es mir überlegen und ihm dann meine genauen Pläne unterbreiten.

In dieser Woche traf ich mich zweimal mit Neuner, fragte ihn um Rat, telefonierte mehrmals mit meiner Cousine in Rastatt. Es kristallisierte sich ein abgesicherter Plan heraus, den ich dem Hauptmann dann unterbreitete: »Es läßt sich nicht verleugnen, daß ich wegen meiner Abstammung aus der Wehrmacht rausgeschmissen wurde. Also gut. Ich habe eine Stelle als Weinverkäufer bei meinen Verwandten in Rastatt angenommen. In dieser Funktion gehe ich nach Madrid, schaue mich um, baue Geschäftsverbindungen aus und knüpfe neue. Die Kosten übernimmt die Weinfirma. Soviel zur Legende. Tatsächlich aber werde ich in Madrid zur englischen oder amerikanischen Spionage Kontakt aufnehmen. Ich werde ihnen meine Dienste anbieten, werde sozusagen Doppelagent; Sie können mich ja mit Spielmaterial versorgen, das für die interessant ist, uns aber nicht schadet. Als Gegenleistung verlange ich von denen einen Schweizer Paß für meine Mutter, damit sie aus Deutschland fliehen kann.«

Kurz sagte erst mal gar nichts. Mein ausgeklügelter Plan hatte ihn offensichtlich sprachlos gemacht.

Er wiegte seinen Kopf hin und her und meinte dann nach einer längeren Pause: »Alle Achtung, van Laak, das hätte ich Ihnen gar nicht zugetraut. Aber ich weiß nicht so recht, ob die Engländer darauf eingehen werden. Aber wir können es versuchen. Von seiten des OKW haben wir ja bei dieser Konstellation nichts zu befürchten. Also: Ich brauche für die Legende einen Einstellungsbrief dieser Weinhandlung. Ohne ein solches Schriftstück kann ich Paß und Visum nicht besorgen. Können Sie mir das bald beschaffen?«

Ich konnte. Nach vier Tagen hatte der Hauptmann das Schreiben aus Rastatt auf dem Schreibtisch. Er versprach, sein Möglichstes zu tun.

Dorle hatte sich zum ersten Mal unsterblich verliebt. Sie lernte »ihn« bei einem Konzertabend kennen, zu dem sie mit einer Freundin gegangen war. Infanteriehauptmann Hölzl war in der Tat ein auffallend schöner Mann. Für beide war es Liebe auf den ersten Blick. Hauptmann Hölzl kam bereits zwei Tage nach dem Konzert zu uns ins Haus, um sich vorzustellen. Dorle hatte leuchtende Augen, himmelte ihn an; und ihn hatte es auch bis über beide Ohren erwischt, das sah man von weitem. Er sprach von einer großen Zuneigung, die er für Dorle empfinde, und trotz des sehr kurzen Kennenlernens meine er es ernst und strebe eine langfristige Beziehung an. Ich konnte Dorle ansehen, wie sie bei diesen Worten aufblühte. Ich freute mich mit ihr. Mutter allerdings war entsetzt. Solange der Hauptmann da war, zeigte sie dies aber nicht offen. Erst nachdem er sich verabschiedet hatte, meinte sie zu Dorle: »Ihr kennt euch doch erst seit zwei Tagen! Wie kann man da schon von der großen Liebe sprechen, von einer dauerhaften Bindung? Nein, Dorle, das geht mir alles ein bißchen zu schnell.«

Aber Dorle ließ sich nicht beirren. Ich hielt mich zunächst raus, hatte aber Bedenken ganz anderer Art. Eine Heirat zwischen den beiden war so gut wie unmöglich. Die Nürnberger Gesetze wurden rigoros angewandt. Zwar hatte es kurz vor Beginn des Krieges noch einen Fall in unserer Verwandtschaft gegeben, bei dem sich der deutsche Bräutigam damit durchsetzen konnte, meine jüdische Cousine in Heidelberg zu heiraten, aber inzwischen waren ein paar Jahre vergangen; so etwas wäre heute nicht mehr möglich. Sollte man den Hauptmann Hölzl darüber aufklären? Nein, das wäre ebenfalls überstürzt gewesen. Man wußte doch nicht, wie sich diese junge Liebe entwickeln würde. Vielleicht war es nur ein Strohfeuer.

Nach weiteren vier Tagen hatten sich die beiden verlobt. Mutter war sprachlos. Zwei Tage nach der Verlobung mußte Hauptmann Hölzl zurück an die Front. Es folgte eine Zeit der glühenden Liebesbriefe, und der Entschluß, so schnell wie möglich zu heiraten, war für beide unumstößlich. Mutter meinte irgendwann, jetzt müsse man Dorles Verlobten über die zu erwartenden Schwierigkeiten informieren, alles andere sei unfair. Dorle war sehr unwohl bei diesem Gedanken, sah sich aber außerstande, selbst einen solchen Brief zu schreiben. Diesen Part übernahm ich dann, schilderte in aller Offenheit die Situation unserer Familie.

Das Antwortschreiben des Hauptmanns war von Kampfgeist geprägt, von Resignation keine Spur. Er schrieb, daß er die Angelegenheit sofort mit dem Regimentskommandeur besprochen habe, und daß er beim OKW eine Ausnahmegenehmigung beantragt habe. Dem Brief lag ein ähnliches Gesuch für die Gestapo München bei, verbunden mit einer Empfehlung von Hölzls Kommandeur. Dorles Verlobter bat mich, diesen Antrag für ihn einzureichen.

Ich war immer noch skeptisch. Es tat zwar einerseits gut, zu erfahren und zu wissen, daß er sich mit unserer Familie solidarisierte. Aber andererseits verursachte diese Aktion einen unnötigen Wirbel – man wurde wieder auf uns aufmerksam, nachdem es eine ganze Weile ruhig gewesen war. Möglicherweise weckten wir damit schlafende Hunde. Ich sprach mit Mutter darüber. »Junge, das mußt du entscheiden, ich kann das nicht beurteilen. Aber Dorle erwartet es natürlich von dir.«

Das wußte ich; damit sie mir nicht später den Vorwurf machen konnte, ich hätte ihrem Glück im Wege gestanden, entschloß ich mich schweren Herzens, den Antrag einzureichen. Vielleicht hatte es auch sein Gutes: Manchmal ist es besser, den Gegner zu umarmen, als zu warten, bis er zum Rundumschlag ausholt.

Also mal wieder zur Gestapo. In dem Zimmer, in dem ich den Antrag abgeben mußte, saßen zwei Beamte mit ihren Sekretärinnen. Der eine diktierte gerade einen

Brief, der andere hörte mir etwas herablassend zu. Als sein Telefon klingelte, mußte ich die Schilderung meines Anliegens unterbrechen, wurde aber plötzlich hellhörig, als ich mit halbem Ohr mitbekam, was der andere Beamte seiner Sekretärin diktierte: »Also, Außenstelle Tegernsee, haben Sie's? Hiermit ergeht die Anordnung zur Überwachung einer Frau von Liebermann auf dem Thoma-Hof. Wir haben gesicherte Erkenntnisse darüber, daß dieses Subjekt Feind-Sender abhört. Nach Bestätigung und weiteren belastenden Erkenntnissen wird Verhaftung verfügt.«

In diesem Moment hatte der erste Beamte sein Telefonat beendet, wandte sich mir wieder zu. Ich konnte nicht mehr registrieren, ob die Gestapo Tegernsee noch weitere Befehle erhielt. »Sie wollen also einen Antrag einreichen, wonach ein deutscher Offizier eine Halbjüdin heiraten darf.«

»Jawohl, hier sind die Unterlagen, eine Empfehlung vom Kommandeur an der Ostfront ist auch dabei.«

Der Beamte nahm die Schriftstücke entgegen, blätterte kurz darin; seine Gesichtszüge verrieten Ratlosigkeit.

»Ich werde die Angelegenheit so schnell wie möglich überprüfen«, versprach er. Meine Skepsis blieb bestehen.

Mir ging diese Frau von Liebermann nicht aus dem Kopf. Irgend jemand mußte sie denunziert haben. Zu Hause rief ich einen Bekannten in Tegernsee an, erkundigte mich nach ihr. Ja, Frau von Liebermann wohnte

Auf der Sutten, im Thoma-Hof, sie war die ehemalige Lebensgefährtin von Ludwig Thoma, der 1921 gestorben war. Ich mußte sie warnen. Aber wie? Sie in Tegernsee aufzusuchen, ihr zu schreiben oder sie gar anzurufen, war viel zu gefährlich. Damit würde ich selbst ins Visier der Gestapo geraten. Mein Bekannter erzählte noch, daß Frau von Liebermann einen Sohn in Südafrika habe; aber ob sie mit ihm in Briefkontakt stand, wußte er nicht. Ich überlegte: Vielleicht könnte das ein Aufhänger, ein Vorwand sein, um ihr eine Nachricht zukommen zu lassen und sie irgendwo in München zu treffen. Sollte ich es doch telefonisch versuchen? Ihr Apparat wurde sicher abgehört, aber »Grüße vom Sohn aus Südafrika« waren vielleicht unverfänglich. Ich benutzte vorsichtshalber nicht unser Telefon zu Hause, sondern einen öffentlichen Fernsprecher in der Stadt. Ich meldete mich mit dem Namen »Snyder«, bestellte Grüße von ihrem Sohn, sagte, daß ich ihr gerne mehr von ihm erzählen wolle. Sie stutzte zunächst etwas, ging aber dann darauf ein: »Wo kann ich Sie treffen?«

Wir verabredeten uns für den übernächsten Tag um elf Uhr im Hotel Bayerischer Hof in München. »Ich werde im Foyer auf Sie warten. Fragen Sie einfach beim Portier nach mir.«

»Wie war noch mal Ihr Name?«

»Snyder.«

»Ist gut, Mr. Snyder, bis übermorgen.«

Das mit dem Portier war eine falsche Fährte, die ich für die mithörende Gestapo gelegt hatte. Ich rief wieder meinen Bekannten in Tegernsee an, bat ihn, ebenfalls zum vereinbarten Zeitpunkt zum Bayerischen Hof zu kommen.

Um kurz vor elf standen wir vor dem Hotel. Pünktlich um elf stieß mich mein Bekannter an, zeigte mit dem Kopf nach links den Bürgersteig entlang, flüsterte: »Das ist sie.«

Frau von Liebermann steuerte auf den Eingang zu, ich kam von der anderen Seite, gemeinsam gingen wir durch die Drehtür. Ich sprach sie sofort an: »Ich bin Mr. Snyder, der Freund Ihres Sohnes aus Südafrika. Bitte kommen Sie in einer halben Stunde in das Café Feldherrenhalle.«

Sie schaute mich etwas verdutzt an, nickte dann. Während ich durch die Drehtür gleich wieder nach draußen ging, betrat sie das Foyer, ging ein paar Schritte auf die Rezeption zu, blieb kurz stehen, machte dann kehrt und verließ das Hotel ebenfalls wieder.

Ich hatte mir schon einen Kaffee bestellt, als Frau von Liebermann hereinkam, sich umschaute. Sie kam zu meinem Tisch, fragte, ob noch ein Platz frei sei. Ich bejahte. Als sie ebenfalls ihren Kaffee serviert bekommen hatte und die Bedienung verschwunden war, erzählte ich ihr den wirklichen Grund unseres Treffens: »Sie müssen vorsichtig sein, Frau von Liebermann. Sie werden von der Gestapo beobachtet. Irgend jemand muß denen einen Tip gegeben haben. Achten Sie darauf, welche Radiosender Sie hören!«

Sie blickte mich zunächst ungläubig an, überlegte

kurz: »Das kann nur eine Person sein. Mein Dienstmädchen. Sonst kennt niemand meine Lebensgewohnheiten. Ich bin Ihnen sehr dankbar für den Hinweis.«

Ich verabschiedete mich bald, schaute mich mehrmals um, als ich das Café verließ und die Straße hinunterging: Nein, es folgte mir niemand. Innerlich atmete ich auf und hatte das befriedigende Gefühl, einen Menschen vor dem Zugriff der Gestapo bewahrt zu haben.

Am nächsten Tag meldete sich endlich Hauptmann Kurz. Auf diesen Anruf hatte ich seit Wochen gewartet. Er konnte mir aber nur einen Zwischenbescheid geben: Er habe zwar meinen Paß jetzt vorliegen, müsse aber noch das Visum für Spanien beantragen. Das könne noch eine Weile dauern. – Ich mußte mich also weiter in Geduld üben.

Nach etwa zwei Wochen sprach ich wieder bei der Gestapo vor, um zu erfahren, was mit Hauptmann Hölzls Antrag sei. Der Beamte, mit dem ich damals gesprochen hatte, kramte in seiner Schreibtischschublade, grinste.

»Hier haben Sie alles wieder.«

Damit reichte er mir die gesamten Unterlagen zurück. »Abgelehnt, ist doch klar, oder?!«

Und wieder grinste er unverschämt. Der andere hatte ein dreckiges Lachen: »Da bleibt Ihrer Schwester wohl gar nichts anderes übrig, als auf den Lesben-Trip zu gehen!«

Ich steckte die Papiere ein und verließ dieses widerliche Pack.

Dorle war äußerst deprimiert über die Nachricht, die ich von der Gestapo mitbrachte. »Aber ich liebe ihn doch so«, konnte sie nur immer wieder unter Tränen sagen.

Ich hatte auch keine Idee mehr, wie ich ihr hätte helfen können. Ihr Leid stieg allerdings ins Unermeßliche, als sie kurze Zeit darauf von der Front die schriftliche Nachricht erhielt, daß ihr Geliebter, den sie nur acht Tage persönlich kennengelernt hatte, gefallen sei. Er habe nach seinem Heldentod das Ritterkreuz erhalten.

Es dauerte sehr lange, bis Dorle diesen tiefen Schmerz überwunden hatte.

Gert van Laak nach seiner Entlassung aus der Wehrmacht.

Um während des Krieges Geld zu verdienen, arbeitete van Laak als Requisiteur beim Film.

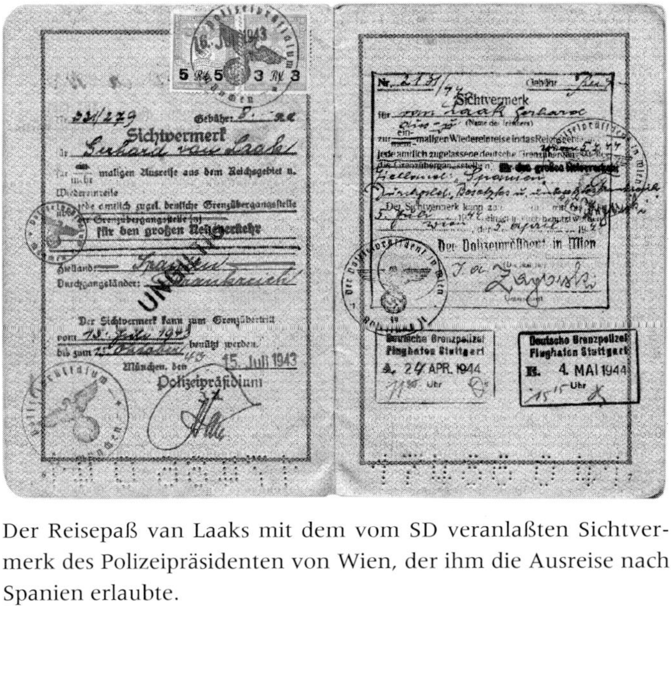


Der Reisepaß van Laaks mit dem vom SD veranlaßten Sichtvermerk des Polizeipräsidenten von Wien, der ihm die Ausreise nach Spanien erlaubte.

Abschrift.

Geheime Staatspolizei
Staatspolizeileitstelle München
B.Nr. II G/Kra.

München, den 7. Januar 1944

An

Leonie Sara van L a a k , geb. Gundersheim

M ü n c h e n
Hofenfelsstr.54.

Betrifft: Abwanderung

Anlagen: 1 Vermögenserklärung

I.

Sie werden davon verständigt, dass Sie zu einem Abwanderungstransport eingeteilt sind.

Sie haben sich ab 12.1.44 in Ihrer jetzigen Unterkunft bereitzuhalten und dürfen diese ohne Erlaubnis der Geheimen Staatspolizei - Staatspolizeileitstelle München nicht - auch nicht vorübergehend - verlassen.

Jeder Versuch, sich der Abwanderung zu widersetzen oder zu entziehen, wird mit strengsten staatspolizeilichen Massnahmen geahndet.

Jeder Transportteilnehmer darf als Gepäck nur einen Handkoffer oder einen Rucksack mitnehmen. Sperriges Gut darf nicht mitgenommen werden.

Es muss pro Person mitgenommen werden: 150 bis 200 M, vollständige Bekleidung (ordentliches Schuhwerk), Bettzeug mit Decke, Essgeschirr (Teller oder Topf) mit Löffel. Messer und Gabeln dürfen nicht mitgenommen werden.

Die Verpflegung während des Transportes für 3 Tage ist mitzubringen. Dieser Reiseproviant kann in einer Handtasche mitgeführt werden.

II.

In vermögensrechtlicher Hinsicht ergeht folgende staatspolizeiliche Verfügung:

Das gesamte Vermögen der zur Abwanderung eingeteilten vorstehend genannten Juden wird mit Rückwirkung vom ....... staatspolizeilich beschlagnahmt. Jeder Versuch einer Vermögensverschiebung oder Hinterziehung wird sofort mit schärfsten staatspolizeilichen Massnahmen geahndet.

- 2 -

Anliegende Vermögenserklärung ist genauestens auszufüllen und handschriftlich zu unterzeichnen. Die Eintragungen haben in deutlicher Handschrift zu erfolgen. Vermögenserklärungen, die unrichtig, nachlässig oder undeutlich ausgefüllt sind, werden als Versuchte Vermögenshinterziehung behandelt und deren Fertiger, wie angedroht, bestraft. Die Vermögenserklärungen werden noch vor dem Abtransport in allen Einzelheiten nachgeprüft.

Bereitzuhalten sind sämtliche in die Vermögenserklärung aufzunehmende und das Vermögen verkörpernde Urkunden, wie Wertpapiere, Sparkassenbücher, Hypothekenurkunden, Lebensversicherungspolicen usw. soweit diese nicht laut abgegebener Erklärung anderweitig verwahrt sind. Diese Urkunden sind in einem geeigneten Umschlag mit Aufschrift der genauen Personalien des Inhabers gesammelt zu verwahren.

Bereitzuhalten sind weiter ebenfalls nicht mitzunehmende Wertgegenstände und Wertsachen jeder Art, wie Schmuck, Gold, Silber, Platin usw. mit Ausnahme des Eheringes.

Schreibmaschinen, Fotoapparate, Ferngläser und Fahrräder sind in der Wohnung zu belassen und in die Vermögenserklärung aufzunehmen.

Die weisungsgemäss ausgefertigte Vermögenserklärung ist mit sämtlichen bereitzuhaltenden Papieren und Gegenständen dem einfordernden Beamten bei Abholung auszufolgen.

I.A.
gez.Pfeuffer

Für die Richtigkeit:
gez.Schmid
Verw.Angest.
(Dienstsiegel)

This is.acertified true copy:

GORDON W. ROSS
Captain, Sig C
Commanding, Munich
Detachment, 6870th DISCC

Der fünfte Abtransportbefehl für Leonie van Laak von 1944. Eine Intervention Gert van Laaks bei Adolf Eichmann, der im Reichssicherheitshauptamt in Berlin die Deportation der Juden verantwortete, scheiterte. Nur durch eine erneute List konnte Leonie van Laak wiederum dem Abtransport entgehen.

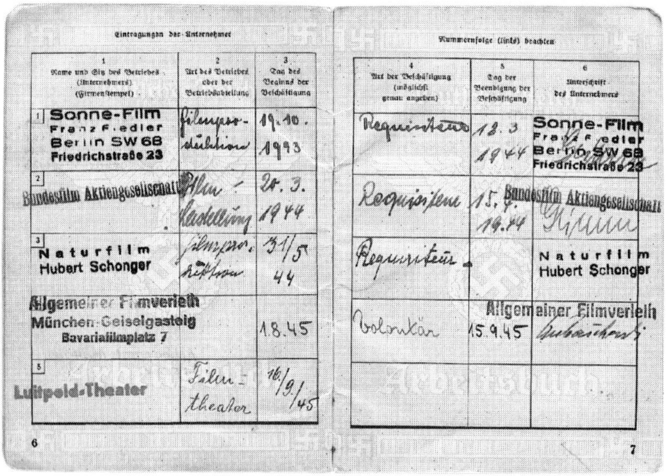

Eintragungen der Unternehmer — Nummernfolge (links) beachten

| 1 Name und Sitz des Betriebes (Unternehmers) (Firmenstempel) | 2 Art des Betriebes oder der Betriebsabteilung | 3 Tag des Beginns der Beschäftigung | 4 Art der Beschäftigung (möglichst genau angeben) | 5 Tag der Beendigung der Beschäftigung | 6 Unterschrift des Unternehmers |
|---|---|---|---|---|---|
| 1 Sonne-Film Franz Fiedler Berlin SW 68 Friedrichstraße 23 | Filmproduktion | 19.10.1943 | Requisiteur | 18.3.1944 | Sonne-Film Franz Fiedler Berlin SW 68 Friedrichstraße 23 |
| 2 Bundesfilm Aktiengesellschaft | Film-Herstellung | 20.3.1944 | Requisiteur | 15.4.1944 | Bundesfilm Aktiengesellschaft |
| 3 Naturfilm Hubert Schonger | Filmproduktion | 31/5 44 | Requisiteur | - | Naturfilm Hubert Schonger |
| Allgemeiner Filmverleih München-Geiselgasteig Bavariafilmplatz 7 | | 1.8.45 | Volontär | 15.9.45 | Allgemeiner Filmverleih |
| 5 Luitpold-Theater | Filmtheater | 16/9/45 | | | |

6 7

Das Arbeitsbuch van Laaks, in dem alle beruflichen Tätigkeiten während des Krieges festgehalten wurden. Wegen des Papiermangels wurde es auch nach Kriegsende noch benutzt.

Leonie van Laak führte unter anderem das Münchner Luitpold-Theater, das mit Chaplins »Goldrausch« eröffnet wurde. Die Eröffnung des Kinos wurde mit einem Blumenkorso gefeiert.

Fred Astaire, der beste
Stepptänzer der Welt.
Du warst nie

Das Luitpold-Theater 1945 kurz nach seiner Wiedereröffnung. In den 50er Jahren führte Leonie van Laak unter anderem auch das von ihr erbaute Münchner Filmcasino, in dem sie Filmstars aus aller Welt empfing.

Verein der Filmtheaterbesitzer e. V., Sitz München

# Protokoll

## über die Gründungsversammlung am 18. Januar 1946
## im Merkur-Theater, München, Gollierstraße

**Anwesend sind:**

Anker-Lichtspiele, Amberg
Neue Lichtspiele, Augsburg
Kurhaus-Lichtspiele, Augsburg-Gögg.
Filmtheater, Ebersberg
Oberstöger-Lichtspiele, Gmund
Filmbühne, Hausham
Kirchseeon-Lichtspiele, Kirchseeon
Lichtspiele, München-Pasing
Luitpold-Theater, München
Gasteig-Lichtspiele, München
Merkur-Lichtspiele, München
Bütro-Lichtspiele, München-Laim
Gabriel-Lichtspiele, München
Metropol-Lichtspiele, Nürnberg
Viktoria-Theater, Nürnberg
Olympia-Theater, Regensburg
Filmtheater, Schongau
Kurlichtspiele, Traunstein
Filmtheater, Wallersdorf
Kammer-Lichtspiele, Lauingen
Filmtheater, Mittenwald
Kargl, Allach
Kurlichtspiele, Bad Tölz

Centralkino, Freising
Hubertus-Lichtspiele, Augsburg
Dilli Tonfilmtheater, Dillingen a. D.
Stadtkino, Freising
Lichtspielhaus, Hausham
Uniontheater, Ingolstadt
Alhambra-Lichtspiele, München
Leopold-Lichtspiele, München
Marienlichtspiele, München-Ramersdorf
Capitol-Lichtspiele, München-Pasing
Ostbahnhof-Lichtspiele, München
Franziskaner-Lichtspiele, München
Ka-Li, Nürnberg
Strauß-Lichtspiele, Nürnberg
Lichtspielhaus, Pfaffenhofen
Kurtheater, Bad Reichenhall
Lichtspielhaus, Straubing
Wasserburger Lichtspiele, Wasserburg
Lichtspiele, Bad Wiessee
Schauburg, Kaufbeuren
Apollo-Lichtspiele, Naila
Filmpalast, Neuaubing

**Entschuldigt sind:**

Apollo-Lichtspiele, Bamberg
Buchloer Lichtspiele, Buchloe
Filmtheater, Immenstadt

Parktheater, Kempten
Kammer-Lichtspiele, Kempten
Museum-Lichtspiele, Nürnberg

300. 1. 46. N 0163

c) Betrifft: Treuhändergehalt. Eine einheitliche Regelung ist bisher nicht erfolgt. Sie ist zur Zeit noch Sache der jeweiligen Militärregierung.

d) Betrifft: Stagma. Bindende Verhandlungen können nach Ansicht der Anwesenden noch nicht geführt werden, solange ausnahmslos amerikanische Filme zur Verfügung stehen. Es ist dies eine Angelegenheit späterer Sitzungen. Zur Zeit findet eine diesbezügliche Besprechung durch den ersten Vorsitzenden statt.

e) In dringenden Fällen wird der Verein seinen Mitgliedern jeweils Rundschreiben zukommen lassen bis zur vorgesehenen Herausgabe eines Informationsblattes.

f) Die 1. Beiratssitzung findet am 1. 2. 46 vormittags 10 Uhr in der Geschäftsstelle, Dachauer Straße 16, Gabriel-Lichtspiele, statt.

München, den 18. Januar 1946.

gez.: **Keller**
Schriftführer

gez.: **Dr. Kerstein**
Geschäftsführer

1946 wurde der Verein der Filmtheaterbesitzer gegründet, dessen Vorsitzende Leonie van Laak wurde.

Zu ihrem 90. Geburtstag 1986 wurde Leonie van Laak vom Bundesinnenminister in Berlin das Filmband in Gold verliehen. Hier zusammen mit ihrem Sohn Gert van Laak.

# VII

# IN DER HÖHLE DES LÖWEN

Und wieder bekam Mutter einen Abtransportbefehl. Wir kannten dieses Schreiben ja jetzt schon, aber wieder war es ein Stich ins Herz. »Abwanderung« umschrieb die Gestapo diesen Vorgang, von dem mittlerweile fast jeder wußte, wo und wie er enden würde. Die Sprache dieses Schreibens war kalt, gebieterisch, herrisch; gleichzeitig konnte man an der Wortwahl das gründliche deutsche Beamtentum (oder soll man sagen: die Schreibtischtäter?) erkennen. Vier Tage Zeit blieben bis zu dem magischen Datum: »Jeder Versuch, sich der Abwanderung zu widersetzen oder zu entziehen, wird mit strengsten staatspolizeilichen Maßnahmen geahndet.« Die Empfänger dieser Briefe wurden dann mit dem harmlos klingenden Wort »Transportteilnehmer« tituliert – so, als würde es sich um eine Kaffeefahrt handeln. Als Gepäck war nur ein Handkoffer oder ein Rucksack zugelassen. »Es muß pro Person mitgenommen werden« (dies war unterstrichen): »150 bis 200 RM, vollständige Bekleidung (ordentliches Schuhwerk) [man beachte das Wort ›ordentlich‹!], Bettzeug mit Decke, Eßgeschirr (Teller oder Topf) mit Löffel. Messer und Gabeln dürfen nicht mitgenommen werden«. Das war klar: Spitze und scharfe Gegenstände hätte man ja als Waffen benutzen können. »Die Verpflegung während des Transportes für drei Tage ist mitzubringen. Dieser Reiseproviant kann in einer Handtasche mitgeführt werden.« Also doch keine Kaffeefahrt, auf der man bewirtet wurde, sondern eine dreitägige (!) Tortur. Es folgte ein Kapitel II: Vermögensfragen. Per staatspolizeilicher Verfügung wurde »das gesamte Vermögen der zur Abwanderung eingeteilten vorstehend genannten Juden« beschlagnahmt und gleichzeitig damit gedroht, daß jeder Versuch einer Vermögensverschiebung oder Hinterziehung sofort mit schärfsten staatspolizeilichen Maßnahmen geahndet werde. Mutter wurde dann wieder aufgefordert, eine Vermögenserklärung auszufüllen: »Die Eintragungen haben in deutlicher Handschrift zu erfolgen.« Dieser Brief war augenscheinlich das Werk eines oberpedantischen deutschen Beamten. »Vermögenserklärungen, die unrichtig, nachlässig oder undeutlich ausgefüllt sind, werden als versuchte Vermögenshinterziehung behandelt und deren Fertiger, wie angedroht, bestraft. Die Vermögenserklärungen werden noch *vor* dem Abtransport in allen Einzelheiten nachgeprüft.« Weiterhin sollte man sämtliche Urkunden, Wertpapiere, Sparkassenbücher, Hypothekenurkunden, Lebensversicherungspolicen etc. bereithalten, genauer gesagt, »in einem geeigneten Umschlag mit Aufschrift der genauen Personalien des Inhabers« gesammelt verwahren. Außer dem Ehering durften weder Schmuck noch andere Wertgegenstände mitgenommen werden. »Schreibmaschinen, Fotoapparate, Ferngläser und Fahrräder sind in der Wohnung zu belassen und in die Vermögenserklärung aufzunehmen.« Und alles möge man dann den abholenden Gestapo-Leuten aushändigen. Stempel, Unterschrift: i. A. gez. Pfeuffer. Und damit alles seine Richtigkeit hat: »Für die Richtigkeit: gez. Schmid, Verw.Angest.«

Ich überlegte fieberhaft, was ich tun könnte. »Fieberhaft« ist nicht übertrieben. Ich lag die ganze Nacht schweißgebadet in meinem Bett und konnte nicht schlafen. In meinem Kopf rumorte es, alles drehte sich nur um den einen Gedanken: Wie konnte ich diesmal den Abtransport verhindern? Die bisherigen »Abwehrmaßnahmen« würden diesmal nicht mehr ziehen, dazu waren die Bestimmungen mittlerweile viel zu scharf geworden. Sollten wir Mutter irgendwo verstecken und so tun, als wüßten wir nicht, wo sie war? Diese Idee verwarf ich bald wieder. Wenn man sie dann doch gefunden hätte, würde es ihr wahrscheinlich noch viel schlimmer ergehen – wahrscheinlich würden die Herren Schergen ihr die Strapazen eines dreitägigen Transports »ersparen«. Diese Möglichkeit schloß ich aus. Sollten wir versuchen, Mutter irgendwie über die Grenze zu bringen? Aber wohin? Vielleicht in die Schweiz? Das verwarf ich aber auch: die Vorbereitungszeit war zu kurz. Man müßte ihr eine neue Identität verschaffen, einen Schweizer Paß, dann würde es gehen. Einen Paßfälscher kannte ich aber nicht, also schied das auch aus. Verdammt nochmal, ich muß etwas unternehmen, hämmerte es in meinem Kopf. Gleich morgen früh werde ich Gertrud in Rastatt anrufen. Vielleicht hat sie ja neue Nachrichten, es mußte doch möglich sein, irgendwelche Verbindungen auf höherer Ebene zu knüpfen. Hans hatte doch mit diesen Leuten ständig zu tun.

Gertrud war über den neuerlichen Abtransportbefehl genauso schockiert wie wir. Meine Stimme muß fast beschwörend geklungen haben: »Gertrud, ihr seid unsere allerletzte Hoffnung! Hans hat doch gesagt, er hätte vielleicht einen Draht nach Berlin, ins Reichssicherheitshauptamt.«

»Ja, Gert, da ist er ja auch schon seit Wochen dran, aber das muß ganz sorgfältig eingefädelt werden, ich würde sagen: übervorsichtig. Da darf keine Panne passieren, sonst war alles umsonst.«

Ich wurde ungeduldig, mein einziger Gedanke war, daß uns nur noch drei Tage blieben.

»Gertrud, wir haben keine Zeit mehr, hörst du?! Absolut keine Zeit. Bitte versucht alles, was ihr könnt!«

Gertrud versprach, so bald wie möglich zurückzurufen. Mit zitternden Händen legte ich den Hörer auf die Gabel. Mutter und Dorle hatten mitgehört. Ihre Angst hatte sie fast sprachlos gemacht; mit bangen und fragenden Augen blickten sie mich an.

»Gertrud ruft zurück, sie versuchen alles«, sagte ich etwas niedergeschlagen und ging zu Mutter, umarmte sie. Auch wenn ich innerlich am Boden war und mich an die Rastatter Verbindungen wie an einen letzten Strohhalm klammerte, versuchte ich, wenigstens Mutter etwas Mut zu machen. Ich hielt sie fest, streichelte ihr über den Rücken: »Es wird schon gut, ganz bestimmt. Hans und Gertrud lassen uns nicht im Stich; die werden jetzt alles in Bewegung setzen.«

»Ach, mein Junge, auch wenn ich das bisher nie getan habe, aber jetzt bete ich zu Gott, daß noch ein Wunder geschieht.«

Wir blieben den ganzen Tag im Haus. Mutter durfte die Wohnung laut Abtransportbefehl sowieso nicht mehr verlassen, es sei denn, sie hätte bei der Gestapo einen Antrag gestellt, mal kurz zum Einkaufen gehen zu dürfen. Aber für solch eine Prozedur waren wir allesamt zu stolz. Um Erlaubnis fragen, ob man das Haus verlassen darf!

»Nein, mit mir nicht!« wiederholte Mutter immer wieder. »Ich werde nicht zu Kreuze kriechen und bei denen um irgendwas betteln!«

Dorle und ich blieben bei ihr, zu dritt saßen wir im Wohnzimmer und warteten Stunde um Stunde auf den Anruf aus Rastatt. Aber das Telefon blieb stumm. Um acht Uhr abends konnte ich es nicht mehr aushalten, griff zum Hörer und wählte die Nummer von Gertrud und Hans. Die Leitung war belegt.

»Das ist ja vielleicht ein gutes Zeichen, dann sind sie immer noch dabei, die Fäden zu knüpfen!«

Ich schöpfte wieder etwas Hoffnung. Nach zehn Minuten versuchte ich es noch mal. Immer noch besetzt. Ich legte wieder auf, setzte mich zu Mutter aufs Sofa. Wir redeten kein Wort, hielten uns stumm an der Hand. Was hätten wir auch sagen sollen? Mein Kopf dröhnte, ich spürte an der Schläfe, wie mein Blut pulsierte. Wieder ging ich zum Telefon, wählte die Rastatter Nummer. Mutter und Dorle blickten mich erwartungsvoll an. Jetzt endlich kam das Freizeichen.

»Müller«.

Das war Hans.

»Mensch, Hans«, rief ich, »wißt ihr schon was? Warum meldet ihr euch nicht?!«

»Wir sind noch dabei«, sagte Hans in seinem badensisch-pfälzerischen Dialekt, »aber spätestens morgen nachmittag kann ich Genaueres sagen. Da bekomme ich die Rückbestätigung aus Berlin.«

Ich konnte meine Anspannung nicht mehr aushalten: »Jetzt sag doch, wie stehen die Chancen beim Reichssicherheitshauptamt? Mensch, Hans, ich halt das nicht mehr aus! Gibt es denn da jemanden, der uns helfen könnte?«

Hans versuchte, mich zu beruhigen: »Gert, ich würde sagen, ihr geht jetzt ganz unbesorgt ins Bett und versucht zu schlafen. Morgen sehen wir dann weiter. Ein bißchen Zeit haben wir ja noch.«

Wie kann man nur so ruhig und gefaßt sein, dachte ich und wurde noch nervöser. »Du bist gut, was sind denn drei Tage?«

»Also, Gert, ich verspreche euch, morgen wissen wir mehr, Kopf hoch. Und grüße deine Mutter und Dorle.«

Ich war wie benommen. Hans' Stimme hatte zwar unterschwellig ein wenig optimistisch geklungen, aber diese Ungewißheit, das Warten auf morgen würde mir sicher eine zweite schlaflose Nacht bescheren. Immerhin aber hatte ich das Gefühl, daß dort in Rastatt versucht wurde, etwas in die Wege zu leiten. Wer sollte uns im Reichssicherheitshauptamt wohlgesonnen sein? Na ja, Hans hatte seine Beziehungen. Irgendwie hatte ich Vertrauen zu ihm. Er war das letzte Fünkchen Hoffnung.

In dieser Nacht tat ich wieder kaum ein Auge zu. Ich war zwar total übermüdet, aber immer, wenn ich kurz vor dem Einschlafen war, schreckte ich hoch und hatte das Wort »Abtransport« vor Augen, sah Mutter mit ihrem Koffer in einen überfüllten Zug einsteigen, die Männer von der Gestapo auf dem Bahnsteig, die Rücklichter des Zuges. Dieses Bild in meinem Kopf war wie ein Schreckgespenst, das mich die ganze Nacht hindurch verfolgte. Entsprechend gerädert war ich am nächsten Morgen. Mutter und Dorle hatten ebenfalls nicht gut geschlafen. Den ganzen Tag über waren wir wie gelähmt. Nur noch zwei Tage. Mutter dachte überhaupt nicht daran, irgendwelche Sachen zu packen oder gar die Vermögenserklärung auszufüllen. Der Brief und das Formular lagen auf dem Wohnzimmertisch – fast wie Schwerter, die auf uns niedersausen wollten. Wir würdigten sie keines Blickes.

Die Studenten waren schon aus dem Haus, und wir drei saßen wieder auf dem Sofa und warteten. Ich rauchte eine Zigarette nach der anderen. Hans meldete sich nicht. Mutter kochte für die Studenten, die um eins zum Essen kamen: Kartoffeln mit Kohlrabigemüse.

Dorle und ich brachten keinen Bissen hinunter, Mutter stocherte lustlos auf dem Teller rum. Die Studenten merkten natürlich, daß irgendwas »in der Luft« lag, aber keiner sagte etwas.

Der Anruf von Hans kam um halb vier und war ziemlich kurz: »Paß auf, Gert, du hast übermorgen einen Termin in Berlin. Vierzehn Uhr, Reichssicherheitshauptamt.«

»Was? Übermorgen? Aber das ist doch der Tag ...«

»Genau«, sagte Hans, »da meldest du dich pünktlich um zwei Uhr in der Prinz-Albrecht-Straße.«

»Und bei wem soll ich da vorsprechen?«

Ich hatte plötzlich wahnsinniges Herzklopfen. Es wurde zu einem regelrechten Herzrasen, als Hans völlig ungerührt sagte: »Bei Eichmann, bei wem sonst? Du bist angemeldet.«

Ich brachte keinen Ton mehr heraus. »Hallo, Gert, hast du verstanden?«

»Ja, ich hab dich verstanden, Hans. Und danke.«

Ich legte auf und mußte mich erst mal setzen.

»Was ist, was hat er gesagt?« wollte Mutter natürlich sofort wissen. Mein Herz raste immer noch wie wild, ich mußte das Fenster ein wenig öffnen, um frische Luft zu schnappen. »Ich fahre übermorgen nach Berlin, habe einen Termin bei Eichmann.«

»Bei dem?« Dorle schaute mich ungläubig an.

»Ja, bei dem.«

Was wußte ich über Eichmann? Nicht viel. Daß er Karl Adolf hieß, seines Zeichens Obersturmbannführer der SS, Leiter der Abteilung für Judenangelegenheiten, auch »Judenkönig« genannt. Sonst wußte ich nichts. Aber allein die Bezeichnung »Judenkönig« sagte schon genug. Denn damit verband sich eine Allmacht über alles, was mit Juden zu tun hatte. Er war der Herrscher über diesen Teil der deutschen Bevölkerung, er bestimmte über Leben und Tod. »B4« hieß diese Abteilung der Gestapo, der er vorstand. Ich hatte also nur eine vage Ahnung, wem ich da begegnen sollte. Wenn ich die ganze Wahrheit gewußt hätte, wer weiß, ob ich dann tatsächlich gefahren wäre.

Wenn ich zum Beispiel folgendes gewußt hätte: Im Sommer 1941, also schon zwei Jahre zuvor, wurde der Kommandant des KZs Auschwitz, Rudolf Höß, zum Reichsführer der SS, Heinrich Himmler, bestellt. Dieser eröffnete ihm folgendes: »Der Führer hat die Endlösung der Judenfrage befohlen, wir – die SS – haben diesen Befehl auszuführen. Die bestehenden Vernichtungsanstalten im Osten sind nicht in der Lage, die beabsichtigten großen Aktionen durchzuführen. Ich habe daher Auschwitz dafür bestimmt, einmal wegen der günstigen verkehrstechnischen Lage, und zweitens läßt sich das dafür dort zu bestimmende Gebiet leicht absperren und tarnen. Nähere Einzelheiten erfahren Sie durch Sturmbannführer Eichmann vom RSHA, der in nächster Zeit zu Ihnen kommt. Nach der Unterredung mit Eichmann schicken Sie mir sofort die Pläne für die beabsichtigte Anlage zu. – Die Juden sind die ewigen Feinde des deutschen Volkes und müssen ausgerottet werden. Alle für uns erreichbaren Juden sind jetzt während des Krieges ohne Ausnahme zu vernichten. Gelingt es uns jetzt nicht, die biologischen Grundlagen des Judentums zu zerstören, so werden einst die Juden das deutsche Volk vernichten.«

Also Eichmann, der »Judenkönig«, 37 Jahre alt. Und ich 23, Halbjude. Kein allzu großer Altersunterschied, aber welch ein Unterschied in den Funktionen, vor allem in der Macht! Es war ein unheimliches Gefühl. Aber mit meinem Anliegen direkt zu ihm zu gehen, erschien mir jetzt als letzter Ausweg. Ich sah keine andere Möglichkeit, als in die Höhle des Löwen zu gehen.

Ich rief in Berlin an und verabredete mich mit einer Cousine und ihrem Mann, die dort lebten, für vier Uhr am übernächsten Nachmittag im Kempinski. Mutter ging es gar nicht gut. Sie lag im Bett; vor lauter Angst und Aufregung konnte sie nichts essen, fühlte sich hundeelend und bekam Schüttelfrost, abgelöst von Hitzewallungen. Ich mußte sie so zurücklassen, hatte aber das Gefühl, jetzt genau das Richtige zu tun.

Während der Zugfahrt kreisten meine Gedanken nur um die eine Frage: Würde es mir gelingen, diesen Eichmann davon zu überzeugen, daß ich selbst mit dem Judentum nichts zu tun hatte, sondern mich für Deutschland eingesetzt hatte, mich als Deutscher fühlte, daß meine Mutter mit einem deutschen Offizier verheiratet gewesen war und daß wir ganz ungerechterweise in diese Situation gekommen waren? Das mußte er doch einsehen! Ich schlief kaum, suchte auch keinen Kontakt zu Mitreisenden. Ich saß in mich gekauert in der Ecke des Abteils und ließ vor meinem inneren Auge die mögliche Situation im Reichssicherheitshauptamt vorbeiziehen, legte mir meine Sätze zurecht und wiederholte sie immer wieder.

In Berlin angekommen, rief ich zunächst meine Cousine an, um ihr den Termin am Nachmittag noch mal zu bestätigen. Dann rief ich Dorle in München an und gab ihr die Telefonnummer des Kempinski durch. Sie sollte mich dort um sechzehn Uhr anrufen, damit ich ihr das Ergebnis der Unterredung erzählen konnte.

Fünf Minuten vor zwei stand ich am Eingang in der Prinz-Albrecht-Straße. Ich war nervös, natürlich, hatte feuchte Hände. Aber ich zwang mich, ruhig zu bleiben und meldete mich bei der Wache.

»Heil Hitler! Ich habe einen Termin bei Obersturmbannführer Eichmann.«

»Moment«, meinte der Posten, »wie ist denn Ihr Name? Woher kommen Sie? Zeigen Sie mal Ihren Ausweis.«

Ich zog meinen Ausweis raus.

»Ich komme aus München. Sie können das überprüfen.«

Er nahm meinen Ausweis, ging zum Telefon ins Büro. Durch die Glasscheibe konnte ich erkennen, wie er eine Nummer wählte, meinen Ausweis aufgeschlagen hochhielt und daraus vorlas. Dann schlug er ihn wieder zu, legte den Hörer auf und kam wieder heraus.

»Es ist in Ordnung, Herr van Laak, Sie können raufgehen. Zweiter Stock. Melden Sie sich im Vorzimmer, dritte Tür rechts.«

Meine Knie zitterten, als ich die Treppen hinaufging. Ich mußte unbedingt die Anspannung überwinden. Um mich abzulenken, zählte ich die Stufen. Wie viele es waren, kann ich heute nicht mehr sagen.

Ich klopfte an der Tür des Vorzimmers. Nach einem Moment hörte ich eine Frauenstimme rufen: »Herein«.

Vorsichtig drückte ich die Türklinke herunter und trat ein. In dem Zimmer saßen eine Sekretärin und zwei SS-Leute.

»Sind Sie Herr van Laak?« fragte mich die Sekretärin.

Die beiden SSler blickten nicht auf.

»Ja«, sagte ich und bemühte mich, mit sicherer Stimme zu sprechen, »ich habe einen Termin bei Obersturmbannführer Adolf Eichmann.«

»Das wissen wir, bitte warten Sie noch draußen.«

Ich ging also wieder hinaus, setzte mich auf einen Holzstuhl, der auf dem Gang stand. Es verging ungefähr eine Viertelstunde, aber mir kam es vor wie eine Ewigkeit. Dann kam die Sekretärin heraus.

»Kommen Sie«, forderte sie mich auf, wies mir den Weg zum »Allerheiligsten«, öffnete eine schwere Eichentür mit Messingbeschlägen und ließ mich eintreten.

»Herr van Laak aus München«, sagte sie in den Raum hinein und verschloß die Tür wieder hinter mir.

Ich blieb kurz stehen und blickte mich um. Es war ein riesiger Raum von fast hundert Quadratmetern, mit Parkettfußboden. Er war fast leer, nur in der linken

Ecke stand ein großer Schreibtisch. Dahinter saß ein asketisch wirkender Mann, blaß, schmal, dunkelhaarig, kein Gramm Fett zuviel. Er machte auf mich den Eindruck wie einer, der abends vom Büro nach Hause geht und meditiert. Und das sollte der »Judenkönig« sein!

»Kommen Sie ruhig näher«, sagte der Mann plötzlich.

Ich hatte einen Kloß im Hals, erinnerte mich an meinen Vortrag, den ich im Zug auswendig gelernt hatte und ging quer durch das Zimmer. Vor dem Schreibtisch blieb ich stehen. Der Mann sah wirklich sehr fahl im Gesicht aus.

»Was kann ich für Sie tun, Herr van Laak?«

Ich holte tief Luft: »Herr Obersturmbannführer, ich komme aus München zu Ihnen, weil eine Ungerechtigkeit passiert. Meine Mutter ist Kriegerwitwe, mein Vater ist vor acht Jahren an den Folgen seiner Kriegsverletzungen gestorben. Er hat tapfer für unser Vaterland gekämpft. Er war Oberleutnant, Inhaber des Eisernen Kreuzes. Als er starb, war er vierundvierzig. Ich habe noch eine Schwester, sie ist zwei Jahre jünger als ich.«

Eichmann blickte mich kurz an, nickte, ohne eine Miene zu verziehen. Ich redete weiter, verlor langsam meine Scheu. Vielleicht war er ja gar nicht so schlimm, vielleicht waren das ja nur böse Gerüchte, möglicherweise hatte der Mann doch ein Herz.

»Herr Obersturmbannführer, ich selbst habe als Soldat an der Ostfront gedient, Krim-Feldzug, war vorher in Belgien und Frankreich, kurz in Ostpreußen.«

Eichmann blickte wieder kurz auf: »Und? Wo ist das Problem?«

Seine Stimme klang jetzt ein bißchen ungeduldig. Krampfhaft dachte ich: Ich darf ihn um Gottes Willen nicht verärgern, ich muß jetzt schnell zum Grund meines Besuchs kommen.

»Herr Obersturmbannführer, wir sind eine deutsche Familie und sollen jetzt darunter leiden, daß meine Mutter als Jüdin geboren wurde, obwohl sie in ihrem ganzen Leben nie etwas mit den Juden zu tun hatte. Sie ist in jungen Jahren schon Katholikin geworden, hat katholisch geheiratet. Und jetzt, durch die Gesetze, soll sie abtransportiert werden. Mein Vater hat sich um das deutsche Vaterland verdient gemacht, er wurde ausgezeichnet. Da muß doch irgendwo ein Fehler sein, Herr Obersturmbannführer. Ich möchte Sie bitten, als Deutscher und als Soldat, wenden Sie diese Ungerechtigkeit ab. Der Abtransportbefehl der Gestapo lautet auf den heutigen Tag. Sie können das noch verhindern.«

Ich war über mich selbst erstaunt; den letzten Satz hatte ich richtig pathetisch vorgetragen, wie einen Appell von Mann zu Mann.

Eichmann sagte gar nichts, starrte vor sich auf den Schreibtisch. Dann stand er plötzlich auf, schob den Stuhl nach hinten, stützte sich mit den Händen auf die Schreibtischplatte.

Ich erschrak, denn urplötzlich brüllte er mich an: »Van Laak, wie können Sie es überhaupt wagen, hierherzukommen? Stehlen mir meine Zeit, Sie Mischling!«

Ich versuchte, trotz des Schrecks die Fassung zu bewahren: »Aber ...«

»Nichts aber«, seine Stimme wurde noch lauter, »wie sind Sie nach Berlin gekommen?«

Ich antwortete jetzt schon etwas kleinlauter: »Mit dem Zug, Herr Obersturmbannführer.«

»Das auch noch, mit einem deutschen Zug in einem deutschen Abteil. Sie haben einem deutschen Volksgenossen den Platz weggenommen! Wie können Sie sowas wagen! Die Dreistigkeit der Juden ist ungeheuerlich! Verschwinden Sie, aber sofort! Raus hier!«

Dabei überschlug sich seine Stimme fast vor Zorn. Er streckte den Arm aus und wies Richtung Tür. Sein Blick war scharf und kalt. Widerrede war zwecklos.

In mir fiel das Kartenhaus der letzten Hoffnung mit einem Schlag zusammen.

Völlig niedergeschlagen, und ohne noch ein Wort zu sagen, verließ ich Eichmanns Büro, durchquerte das Vorzimmer mit gesenktem Blick und eilte die Treppen hinunter – diesmal, ohne die Stufen zu zählen. Ich wollte so schnell wie möglich hier raus.

Draußen blieb ich stehen, holte tief Luft. Ich war wie benommen und fühlte mich wie jemand, der einen Boxhieb in die Magengrube, unters Kinn und an die Schläfe gleichzeitig kassiert hatte. Das Durchatmen gelang nicht. Wie in Trance lief ich weg von diesem Ort. Ich sah niemanden rechts und links, nahm nichts wahr, ging nur einfach drauflos, ohne Ziel, ohne Orientierung. Jetzt war alles aus. Eichmann war die letzte Hoffnung gewesen. Nur er als die letzte Instanz hätte seine Schergen in München zurückpfeifen können. Nichts, Ende, Amen. Wieder stiegen die Bilder in mir hoch, jetzt konnte ich sie nicht mehr verdrängen: Mutter besteigt mit ihrem kleinen Gepäck den Zug in München, Dorle und ich starren auf die Rücklichter.

Irgendwann stand ich vor dem Kempinski, allerdings eine halbe Stunde zu früh. Ich setzte mich in die Vorhalle und wartete auf meine Cousine und ihren Mann. Vorher sagte ich an der Rezeption Bescheid, daß ich auf einen Anruf aus München wartete. Die beiden kamen pünktlich um vier, sahen mich auch gleich und setzten sich zu mir.

»Wie ist es gelaufen? Erzähl, Gert! Ist was nicht in Ordnung?«

Sie müssen an meinem Gesichtsausdruck gemerkt haben, daß irgendwas nicht stimmte.

»Alles vorbei«, murmelte ich, »jetzt ist alles vorbei. Wahrscheinlich ist Mutter jetzt schon auf dem Weg nach Theresienstadt.«

Ich erzählte ihnen von meiner Begegnung mit Eichmann. Sie waren natürlich genauso schockiert wie ich.

»Was willst du jetzt machen?« fragte meine Cousine.

Ich schüttelte nur den Kopf: »Ich weiß es nicht.«

In diesem Moment winkte der Portier zu mir herüber.

Der Anruf aus München! Ich sprang auf und lief zur Rezeption. Ja, es war Dorle.

»Hast du was erreicht?« fragte sie aufgeregt, und ich konnte die Angst in ihrer Stimme deutlich spüren.

»Nein, Dorle, es ist alles aus. Der Eichmann hat mich einfach rausgeschmissen. Was ist mit Mutter?«

Dann erzählte Dorle, was in München geschehen war.

Am Vormittag fuhr ein Bus vor unserem Haus in der Hofenfelsstraße vor. Dorle sah vom Fenster aus, wie zwölf Männer heraussprangen und auf die Haustür zuliefen. Es klingelte. Dorle mußte wohl oder übel öffnen. Es hätte keinen Sinn gehabt, die Tür verschlossen zu halten. Die Männer hätten sie sicher eingetreten. Ihr Anführer, ein Untersturmführer der SS, hatte eine Pistole in der Hand und stellte sich breitbeinig vor Dorle auf, während die anderen ins Haus stürmten.

»Leonie Sara van Laak, wo ist sie?« brüllte der Untersturmführer, schob dann Dorle zur Seite und ging ebenfalls ins Haus.

Die anderen SSler verteilten sich: zwei Mann ins Wohnzimmer, einer in die Küche, einer in die Toilette, zwei in den Keller, drei in den ersten Stock, die restlichen »sicherten« den Balkon und den Garten.

Dorle lief hinter dem Untersturmführer her und rief: »Sie kann nicht mitkommen, sie ist schwer krank.«

»Das sagen sie alle«, brüllte er, »los, wo ist sie?«

Er stieß die Tür zum Schlafzimmer auf.

»Aha, da ist ja die Sara. Los, aufstehen! Wo ist das Gepäck und die Vermögenserklärung?«

Mutter lag kreidebleich im Bett und hielt einen Zettel in der Hand.

»Hier ist ein ärztliches Attest, daß ich transportunfähig bin.«

Dorle war jetzt auch ins Zimmer gekommen: »Ich hab doch gesagt, daß sie krank ist!«

»Lächerlich!« herrschte der SS-Mann sie an, nahm Mutter den Zettel aus der Hand, blickte aber nur flüchtig und desinteressiert darauf, fast verächtlich.

»Mit uns können Sie solche Spielchen nicht machen. Los, Abfahrt!«

Dorle ging zu Mutter ans Bett und hob die Bettdecke hoch: »Wollen Sie eine solch kranke Frau mitnehmen?«

Der Untersturmführer war sprachlos: Das Laken und Mutters Nachthemd waren voller Blut, Mutter lag regelrecht in einer Blutlache.

»Ist ja widerlich, tun Sie die Decke wieder runter. Aber das ist noch lange kein Grund, einen Transportbefehl nicht zu befolgen. Befehl ist Befehl. Wo ist das Gepäck?«

Dorle ließ nicht locker: »Ich will Ihnen noch was sagen. Mein Bruder ist deutscher Soldat, hat auf der Krim fürs Vaterland gekämpft. Er ist im Moment in Berlin bei Reichspropagandaminister Goebbels. Unterschätzen Sie die Beziehungen meines Bruders nicht!«

Dorle verwechselte vor lauter Aufregung Eichmann und Goebbels. Der Untersturmführer war wohl etwas irritiert: »Was will Ihr Bruder denn bei Goebbels?«

Dorle trumpfte auf: »Sie werden sehen, der Befehl wird rückgängig gemacht! Verlassen Sie sich darauf!«

Ganz überzeugt war der SS-Mann noch nicht. »Woher soll ich wissen, daß das stimmt? Sie können mir ja viel erzählen!«

»Also gut«, sagte Dorle, »geben Sie mir Ihre Telefonnummer. Ich werde heute nachmittag mit meinem Bruder telefonieren; ich werde ihm dann sagen, daß das Ministerium sich bei Ihnen melden soll.«

Der Untersturmführer fuchtelte mit seiner Pistole: »Wehe, Sie haben mir ein Märchen erzählt! Wenn bis heute nachmittag um fünf keine Nachricht von Goebbels da ist, sind wir mogen früh wieder hier, und dann gibt's keine Ausreden mehr. Verstanden?«

Mutter hatte die ganze Zeit bleich in ihrem Bett gelegen und voller Angst zugehört. Sie war wirklich krank; die Blutungen allerdings waren vorgetäuscht. Als Dorle mir das erzählte, mußte ich innerlich fast lachen, obwohl mir in dieser Situation überhaupt nicht zum Lachen zumute war. Dorle hatte am Morgen eines der Hühner im Garten geschlachtet, das Blut in einer Schüssel gesammelt und dann in Mutters Bett geschüttet und verschmiert.

Der Untersturmführer schrieb seine Telefonnummer auf einen Zettel und gab ihn Dorle. »Also, bis siebzehn Uhr, und keine Minute später. Sonst sehen wir uns morgen wieder! Los Jungs, wir rücken ab.«

Es war fast ein Wunder: Die SSler verließen tatsächlich das Haus und fuhren wieder weg.

»Aber was sollen wir denn jetzt machen, Gert?« fragte Dorle mich verzweifelt. »Wenn du bei dem Eichmann kein Glück gehabt hast, dann haben wir doch keine Chance mehr.«

Sie fing am Telefon an zu weinen, ihr Schluchzen ließ auch in mir die Tränen hochsteigen. Ich blickte auf die Uhr: zwanzig nach vier.

»Dorle, gib mir die Nummer von diesem SS-Mann, ich will versuchen, ob ich noch was machen kann.«

Es blieben noch vierzig Minuten. Ich war ebenso verzweifelt wie Dorle. Was sollte ich jetzt bloß tun? Ich fühlte mich wie jemand, der auf ein Pulverfaß gefesselt ist und genau weiß: Die Uhr läuft ab. Es war das abgrundtiefe Gefühl der Ohnmacht, der Hilflosigkeit. Mir schnürte sich die Kehle zu, ich konnte kaum noch frei atmen. Gleichzeitig bekam ich Schweißausbrüche. Was tun, was tun? hämmerte es in meinem Kopf. Ich ging zurück zu meiner Cousine und ihrem Mann und erzählte ihnen die Neuigkeiten aus München. Nach meinem Mißerfolg bei Eichmann war das jetzt der zweite Keulenschlag, auch für sie. Mein Hirn arbeitete fieberhaft: Ich mußte es irgendwie hinkriegen, ein fingiertes Telefongespräch mit der Gestapo in München zu führen. Aber Dorle hatte von Goebbels gesprochen, und der hatte in seinem Propagandaministerium ja mit den Judentransporten nichts zu tun. Ist das überhaupt glaubwürdig, daß Goebbels sich in solch eine Angelegenheit einmischt? Einfluß hätte er schon, um einen Abtransportbefehl rückgängig zu machen. Sollte ich am Telefon also Joseph Goebbels imitieren? So tun, als sei ich der Reichspropagandaminister? Früher hatte ich mir öfter den Spaß erlaubt, Freunde mit verstellter Stimme anzurufen; sie sind meistens darauf reingefallen. Aber die Stimme von Goebbels? Er hatte ja einen solch unüberhörbaren rheinländischen Dialekt, nein, das traute ich mir doch nicht zu.

Noch zwanzig Minuten. Meine Gedanken rasten. Selbst wenn ich eine andere Person aus dem Propagandaministerium imitieren würde, könnte die Gestapo in München ja auf die Idee kommen, in Berlin nochmal zurückzurufen, und dann würde der Schwindel auffliegen. Ich mußte es so hindrehen, daß solch ein Rückruf unmöglich wurde. Auch Gestapo-Mitglieder sind deutsche Beamte, und denen fällt pünktlich um siebzehn Uhr der Griffel aus der Hand, genauso wie den Leuten in den Ministerien.

Noch fünfzehn Minuten. Wenigstens den morgigen Vormittag überstehen, ohne daß Mutter abgeholt wird! Dann hätten wir wieder Zeit gewonnen, dann ist der Transport nach Theresienstadt schon unterwegs. Eine einzelne Person würden sie nicht gesondert hinterherschicken; wir hätten ein halbes Jahr Ruhe bis zum nächsten Termin. Zehn Minuten vor fünf ging ich zur Telefonvermittlung. »Ich brauche pünktlich um siebzehn Uhr eine Verbindung nach München«, sagte ich zu dem Mädchen, »hier ist die Nummer«.

Ich reichte ihr den Zettel, auf dem ich die Telefonnummer notiert hatte. Dann zog ich mein Portemonnaie aus der Hosentasche, holte fünfzig Reichsmark raus und drückte sie dem Mädchen in die Hand: »Hören Sie, tun Sie mir bitte einen Gefallen. Diese Nummer ist von einer Behörde in München. Die sollen aber nicht wissen, daß das Gespräch aus einem Hotel kommt. Sagen Sie bitte nur: Einen Augenblick, ich verbinde weiter. Machen Sie das für mich?«

Ich schaute sie fast flehend an: »Es ist wichtig, glauben Sie mir!«

Sie blickte mich etwas fragend an, nickte dann aber. Ich ging in die Telefonkabine und wartete. Mir war mehr als mulmig zumute. Ich schaute wieder auf die Uhr: Jetzt müßte es gleich klingeln, und in diesem Moment klingelte es tatsächlich. Ich wischte mir den Schweiß von der Stirn und von den Händen und griff mit zitternden Fingern nach dem Telefonhörer: »Ja?«

»Ihre Verbindung nach München«, sagte das Mädchen von der Telefonvermittlung. Es knackte kurz in der Leitung, dann meldete sich eine Männerstimme: »Gestapo München, Vermittlung.«

Ich versuchte, einen barschen Ton anzuschlagen: »Geben Sie mir Nebenstelle drei-fünf-neun«.

Es dauerte ein bißchen, dann sagte die Männerstimme: »Nebenstelle meldet sich nicht mehr, wahrscheinlich Dienstschluß.«

Ich atmete innerlich auf. Die erste Hürde war genommen. Genau das hatte ich gewollt. Jetzt wurde ich schon mutiger und sprach mit lauter und scharfer Stimme: »Hören Sie, hier ist das Reichspropagandaministerium in Berlin, Vorzimmer des Doktors. Ihr Name?«

»Scharführer Rittler«, antwortete der Mann am anderen Ende, schon etwas eingeschüchtert.

»Also, Scharführer, hören Sie jetzt gut zu! Im Auftrag des Doktors habe ich dem Sturmführer Lindner von der Nebenstelle drei-fünf-neun etwas auszurichten. Geben Sie das sofort morgen früh an ihn weiter!«

»Wird gemacht!«

Das klappt ja wie am Schnürchen, dachte ich, dieser Rittler ist voll darauf reingefallen. Jetzt spielte ich meine Rolle noch selbstbewußter: »Wir haben hier den Fall der Jüdin van Laak, Hofenfelsstraße, in Bearbeitung. Der Doktor hat sich die Entscheidung bezüglich dieser Person selbst vorbehalten. Haben Sie verstanden, Scharführer?«

Er war wirklich etwas kleinlaut geworden: »Ja, ich schreibe mit.«

»Also, eine endgültige Entscheidung fällt durch den Minister persönlich. Bis dahin wird die Sache ausgesetzt. Damit ist auch der morgige Abtransport dieser Jüdin hinfällig. Wiederholen Sie, Scharführer!«

Er wiederholte brav, was ich ihm gesagt hatte.

»Hören Sie, Scharführer«, rief ich ins Telefon und genoß es jetzt richtig, mit ihm zu spielen«, »wie war noch mal Ihr Name?«

»Rittler«, tönte es aus dem Hörer.

»Also, Rittler, damit das klar ist: Sie haften mir dafür, daß der Sturmführer Lindner diese Nachricht sofort morgen früh bei Dienstbeginn erhält. Haben Sie verstanden?!«

Ich hatte ihn wirklich im Griff. Dienstbeflissen brüllte er zurück: »Jawoll!«

Ich wollte schon auflegen, da fiel dem Rittler doch tatsächlich noch etwas ein, was mich zusammenzucken ließ: »Ihr Name und Fernsprechnummer?«

Oh nein, bloß das nicht! Es lief doch bisher alles glänzend! Jetzt mußte ich meine Rolle durchziehen, meine ganze angebliche »Autorität« in die Waagschale werfen. Es half nur Schreien; ich mußte diesen Rittler noch mehr einschüchtern: »Mensch! Haben Sie keine Ohren?! Hier ist das Vorzimmer des Ministers. Reichsleiter Jung, das wird Ihnen doch wohl reichen, oder?!«

»Jawoll!«, parierte der Scharführer Rittler und hängte ein.

Ich war schweißgebadet und legte auf. Mir zitterten die Knie, als ich zum Tisch zurückging. Meine Cousine und ihr Mann blickten mich fragend an. Ich wollte sie damit nicht belasten, solange nicht klar war, ob mein Anruf das bewirkt hatte, was ich wollte. Ich sagte nur: »Hoffentlich klappt's.«

Die beiden versuchten, mich zu trösten, mir Hoffnung zu machen. Aber in dieser ungewissen Situation konnte mir niemand helfen. Mit diesem Anruf bei der Gestapo in München hatte ich alles auf eine Karte gesetzt. Es war ein Vabanque-Spiel, dessen Ergebnis ich erst morgen erfahren würde, wenn ich wieder in München war.

Der Nachtzug ging um zehn Uhr. An Schlafen war nicht zu denken. Die Geschehnisse dieses Tages waren zu existentiell, als daß ich jetzt hätte zur Ruhe kommen können. Immer wieder dachte ich: Was erwartet mich bloß, wenn ich morgen früh in der Klugstraße um die Ecke biege in die Hofenfelsstraße, wenn ich an unser Haus komme? Erlebe ich womöglich mit, wie sie Mutter gerade wegbringen? Vielleicht ist sie schon gar nicht mehr da! Ich fühlte mich von anonymen Mächten gequält, gemartert. Es war, als ob ich von unsichtbaren Händen auf einen Abgrund zugeschoben wurde, ohne mich wehren zu können. Wenn die Gestapo tatsächlich wiederkommen und Mutter abholen würde, dann war ich ebenfalls dran. Die brauchten ja bloß morgen früh im Vorzimmer von Goebbels in Berlin anzurufen, um sich noch mal rückzuversichern, und schon wäre alles geplatzt. Sie würden dann sehr schnell darauf kommen, daß ich hinter dieser Geschichte steckte, Dorle hatte dem Untersturmführer Lindner ja gesagt, daß ich in Berlin sei. Wenn sie dann noch erfahren würden, daß ich in Wirklichkeit bei Eichmann war, dann würden sie auch schnell wissen, wie dieses »Gespräch« verlaufen war. Vielleicht würden sie diese Information aus mir rausprügeln. Ich wußte, wo sie ihre Opfer unterbrachten und wie sie sie »behandelten«: in einem Keller in der Brienner-/Ecke Türkenstraße. Dort wurde Dunkelhaft verordnet, manche der Inhaftierten mußten monatelang bei Brot und Wasser darben, wurden mißhandelt, geschlagen, geblendet. War das jetzt auch mein Schicksal, zusätzlich zum Verlust meiner Mutter?

Gegen acht Uhr morgens fuhr der Zug im Münchner Hauptbahnhof ein. Ich war übernächtigt und gleichzeitig voller Anspannung, ob ich Mutter wiedersehen würde oder ob die Gestapo vielleicht schon auf *mich* wartete. Als ich dann in die Hofenfelsstraße einbog, fiel mir ein Stein vom Herzen, obwohl ich nicht ganz sicher war, wie ich das interpretieren sollte: Es stand kein Bus vor der Tür. Aber vielleicht war die Gestapo ja schon früher dagewesen? Mit einem Gefühl wie kurz vor der Hinrichtung schloß ich die Haustür auf. Dorle hatte mich gehört und kam die Treppe herunter.

»Was ist, waren sie schon da? Wo ist Mutter?«

Der Druck in meinem Kopf war so stark, daß ich dachte, er würde zerplatzen.

»Mutter ist oben«, sagte Dorle.

Ich schaute auf die Uhr: Es war Viertel vor neun Uhr. Bis um neun wollten sie kommen, hatte der Lindner gesagt. Ich stürmte nach oben und begrüßte Mutter im Schlafzimmer. Sie lag immer noch im Bett, es ging ihr wirklich nicht gut. Die nächsten fünfzehn Minuten waren wie eine Ewigkeit. Jede Minute, jede Sekunde konnte der Bus vorfahren. Dorle und ich saßen bei Mutter auf der Bettkante, keiner von uns konnte etwas sagen. Bei jedem Autogeräusch in der näheren Umgebung schauten wir uns an. Dorle lief zum Fenster. Nein, kein Bus.

Neun Uhr war vorbei. Aber die Anspannung hielt den

ganzen Tag. Sogar mehrere Tage. Es hätte ja sein können, daß die Gestapo doch später noch gemerkt hätte, daß sie »geleimt« worden war. Aber es geschah nichts. Mit der Zeit wich das Bangen und Hoffen einer gewissen Zuversicht: Es hatte geklappt, der nächste Transport stand erst in einem halben Jahr an.

# VIII

# IN SPANIEN

Als ich nach einigen Tagen das »Erlebnis Eichmann« etwas verarbeitet hatte, suchte ich Hauptmann Kurz auf, um mich nach dem Visum zu erkundigen. Vor dem nächsten Abtransportbefehl mußte unbedingt etwas geschehen. Doch Kurz teilte mir mit, daß mein Paß und der Visaantrag jetzt bei der Abteilung 5 des Sicherheitsdienstes (SD) in der Franz-Joseph-Straße liegen würden. Leiter dieser Abteilung sei Obersturmführer Ganzer.

»Ich werde bei meinem nächsten Treffen mit Ganzer versuchen, das Gespräch auf Sie zu bringen«, sagte mir Kurz zu, »mehr kann ich leider nicht tun.«

Ich wartete und wartete. Nach zwei Wochen hielt ich es nicht mehr aus und rief beim SD an, ließ mich mit Ganzer verbinden. Er erinnerte sich an meinen Namen: »Ach, Sie sind das, van Laak? Ja, Hauptmann Kurz hat von Ihnen gesprochen. Kommen Sie doch heute nachmittag mal vorbei.«

Auch Ganzer war, ähnlich wie Kurz, ein aufmerksamer Zuhörer. Ich schilderte noch einmal meine ganze Situation, unterbreitete ihm auch die von mir vorbereitete »Legende«. Er schien alles bereits aus meiner Akte zu kennen, nickte manchmal.

»Also gut, van Laak«, sagte er, als ich geendet hatte,

»Sie scheinen das Zeug dafür zu haben. Und motiviert sind Sie offensichtlich auch. Es gibt aber nur eine Möglichkeit für Sie: V-Mann ohne Einstellung.«

»Das weiß ich.«

»Ihr Visum für Spanien werde ich nicht beim Münchner Polizeipräsidium beantragen. Wir müssen da ein bißchen vorsichtig sein. Ich versuche es in einer anderen Stadt. Aber das kann ein oder zwei Monate dauern. Sie müssen also noch ein bißchen Geduld haben.«

Dieses Wort konnte ich bald nicht mehr hören. Es gab nichts Schlimmeres, als auf etwas zu warten, während gleichzeitig die Uhr tickte.

Woche um Woche verging. Zwischendurch hatte ich wieder tageweise einen Job als Requisiteur. Es war aber eine unregelmäßige Tätigkeit: Mal hatte ich eine ganze Woche gar nichts zu tun, dann wieder mußte ich Tag und Nacht ran. Der Verdienst reichte gerade, mich über Wasser zu halten und Mutter nicht auf der Tasche zu liegen.

So ging der Sommer 1943 vorbei, ohne daß sich in meiner V-Mann-Angelegenheit etwas tat. Ich rief zwar ab und zu bei Ganzer an, um nachzufragen, aber zu oft wollte ich mich auch nicht melden. Ich wollte auf jeden Fall verhindern, daß er mich als lästig empfand.

Die Luftangriffe der Alliierten nahmen zu. Die Stimmung unter der Bevölkerung wurde immer gedrückter. Gleichzeitig wuchs der Zusammenhalt der Menschen. Man half sich gegenseitig, wo es nur ging, lernte auf diese Weise auch Nachbarn kennen, mit denen man bisher noch nie etwas zu tun gehabt hatte. Eine solche Bekanntschaft hatte für mich ungeahnte Folgen. Einige Häuser weiter wohnte ein sehr hoher Parteifunktionär mit seiner Frau und einem Kind. Diese Frau, eine hübsche Blondine, kam seit einiger Zeit in unregelmäßigen Abständen zu uns ins Haus, um mit Mutter zu plaudern. Ihr Mann war oft tagelang auf Reisen, so daß sie sich – bis auf die Beschäftigung mit dem Kind – ziemlich allein fühlte.

Irgendwie reizte mich der Gedanke, gerade von dieser Frau in jeder Beziehung ernst genommen zu werden. Sie, in dieser Position, mit hundertprozentiger Nazi-Überzeugung wie ihr Mann – ich empfand es als Genugtuung ohnegleichen, gerade von dieser Frau eine Bestätigung zu erfahren! Das würde mein Selbstwertgefühl heben. Mit ersten kleinen Flirts fing es an, dann lud sie mich mal nachmittags zu sich ein, meine Besuche wurden regelmäßiger, und irgendwann passierte es dann; ihr Mann war wieder auf Reisen, das Kind schlief. Es war keine Liebe, weiß Gott nicht. Für mich war es einerseits das Verlangen, für voll genommen zu werden, andererseits auch ein wenig Nachholbedarf. Daß sie mit mir ins Bett ging, nahm mir etwas von meinen Komplexen: Ich war ein ganzer Mann! Einmal hörten wir einen Mercedes vorfahren. Verdammt, das konnte nur ihr Mann sein. Aber er wollte doch erst in zwei Stunden ... Ich packte blitzschnell meine Klamotten. Zum Glück unterhielt sich der Ankommende noch eine Weile mit seinem Chauffeur, ich hastete in den Keller, zog mich dort an und eilte zur Hintertür hinaus.

Dieses Verhältnis war nur von kurzer Dauer, aber es hatte mir bewiesen, daß ich mich nicht als halbe Portion fühlen mußte. Sie kam immer noch hin und wieder zu uns ins Haus, manchmal ging ich auch zu ihr hinüber, aber uns war beiden klar, daß wir unser Abenteuer nicht zur Dauereinrichtung machen konnten. In der Adventszeit kam sie eines Nachmittags mit Kuchenblechen und bat Mutter, in unserem Backofen Plätzchen backen zu dürfen; ihr Backrohr sei defekt. Keine Frage; Nachbarschaftshilfe war selbstverständlich. Als Mutter und ich auf die Bleche schauten, wechselten wir betroffene Blicke: Die »Plätzchen« bestanden aus ausgestochenen Hakenkreuzen!

Von Nachbarn wurde ich in dieser Zeit natürlich öfter gefragt, warum ich so lange in München und nicht an der Front sei. Das war eine knifflige Frage, auf die ich mir erst bestimmte Antworten zurechtlegen mußte. Denn keiner von den Nachbarn wußte um unsere Situation, wir hatten peinlichst vermieden, auch nur ein Sterbenswörtchen verlauten zu lassen. Aber es fiel jedem auf, daß ich weder sichtbar verletzt und kampfunfähig war, noch daß ich aus anderen Gründen, etwa Geistesgestörtheit, nicht einsatzbereit gewesen wäre. Da mußte ich mir etwas einfallen lassen.

»Zwei Semester Studienurlaub«, antwortete ich anfangs. Doch das erschien mir nach einer Weile nicht stichhaltig genug zu sein. Ich gab dann einfach vor, bei der »Abwehr« zu sein, auch wenn das noch nicht der Fall war. Aber das hatte den Vorteil, daß keine Rückfragen gestellt wurden. Ein Mensch von der »Abwehr« war automatisch mit einer Aura des Geheimnisvollen umgeben, jeder bekam sofort Respekt und verstummte. Die Unbedarftheit der Leute war mein Glück; denn wenn sie das Milieu gekannt hätten, hätten sie wissen müssen, daß ein wirklicher Agent oder V-Mann seine wahre Tätigkeit niemals preisgeben durfte. So aber hatte ich – zumindest nach außen hin – ein Alibi, die Leute grüßten mich höflich und respektvoll, und ich hatte meine Ruhe.

Endlich, nach langen Monaten des Wartens, meldete sich Ganzer. Es war mittlerweile Ende 1943 geworden. Mein Paß und das Spanien-Visum lägen nun bereit. Ich konnte es kaum glauben; jetzt wurde es ernst. Das Visum war zum Glück sechs Monate gültig, so daß ich genügend Zeit hatte, die Reise nach Spanien sorgfältigst vorzubereiten. Immerhing ging es um eine riskante Mission, bei der ich allen Eventualitäten vorbeugen wollte, so gut es nur ging.

Meine Beziehungen zu Ganzer gestalteten sich in der Folgezeit so eng, daß auch ein neuerlicher Abtransportbefehl für den 7. Januar 1944 durch seine Intervention abgewendet werden konnte: Er teilte der Gestapo mit, daß der SD noch Wichtiges mit der Familie van Laak vorhabe. Ich traf mich öfter mit Schorsch Neuner, dem erfahrenen »alten Hasen« in diesen Dingen.

»Paß auf«, sagte er, »du mußt in der jetzigen Situation eines bedenken: Unter uns gesagt, ist der Krieg kaum noch zu gewinnen. Was sich in Rußland und Nordafrika abspielt, sieht überhaupt nicht gut aus. Und wenn es mal zu Ende geht, dann werden sich die Sieger erstmal die Nazi-Organisationen wie Gestapo oder Sicherheitsdienst vorknöpfen.«

»Aber ich gehe doch sozusagen inkognito, ohne Auftrag, auf eigenes Risiko und auf eigene Kosten. Ich bin doch gar nicht eingestellt!«

Der Gedanke, daß ich nach einem verlorenen Krieg irgendwelche Sanktionen von den Alliierten zu erwarten hätte, behagte mir gar nicht.

Schorsch Neuner zog die Augenbrauen hoch: »Sicher gehst du auf eigenes Risiko. Aber es gibt doch beim SD, beim Ganzer, eine Akte über dich, oder?«

Ich erinnerte mich an das Gespräch beim SD vor vielen Monaten: Ja, natürlich hatte Ganzer eine Akte von Kurz bekommen; er wußte schon genauestens Bescheid, als ich zu ihm kam.

»Mist!« rief ich. »Was nun?«

»Nur keine Panik, Gert. Du mußt dir klarmachen, daß du an zwei Fronten kämpfst. Einerseits mußt du durch deine SD-Tätigkeit deiner Mutter den Rücken von der Gestapo freihalten. Andererseits mußt du mit den Alliierten Geheimdiensten so spielen, daß du ihr Vertrauen gewinnst und möglichst dein Ziel, einen Paß für deine Mutter, erreichst.«

»Uff!«, stöhnte ich, spürte aber auch ein begieriges Kribbeln in mir, diese Aufgabe zu meistern. Das Geheimnisumwitterte, Abenteuerliche, das ich noch vor einem Jahr bei dem Wort »Abwehr« gespürt hatte, erwies sich jetzt plötzlich als ganz real, zwar immer noch als spannend, aber durchaus umsetzbar.

Ich mußte gegenüber der Gestapo weiterhin der junge Mann sein, der für sein Vaterland und damit für Hitler alles riskieren würde. Ob und wie ich zu den Engländern oder Amerikanern in Spanien Kontakt aufnehmen und daraus für mich beziehungsweise meine Familie Profit schlagen könnte, mußte sich vor Ort ergeben. Auf jeden Fall mußte ich es so einfädeln, daß ich bei der »Gegenseite« – im Falle der Niederlage Hitlers – nicht als überzeugter Nazi dastand.

Die Legende mußte untermauert werden. Ich besorgte mir bei meiner Cousine in Rastatt weitere Unterlagen, um in Sachen »Wein« sattelfest zu sein und auch nach außen hin als Weineinkäufer überzeugend zu wirken. Schorsch Neuner hatte einen Freund in Madrid, dem er meine Ankunft mitteilte. So hatte ich schon mal einen Anlaufpunkt in dieser für mich fremden Stadt.

Der Flug war für den 24. April 1944 von Stuttgart aus vorgesehen. Ich kratzte mein ganzes Geld zusammen, verkaufte einem Freund noch eine Lederjacke, Mutter gab mir auch noch ein bißchen dazu. Am Nachmittag des Vortages packte ich meine Sachen, nahm auch einige Unterlagen mit, die für meine eigentliche Mission wichtig sein könnten: den Abtransportbefehl vom Januar, also brandneu, meinen Wehrpaß, das Schreiben des OKW vom April '43, mit dem mein Antrag auf Wiedereinberufung abgelehnt worden war. Wenn ich mit den Engländern oder Amerikanern gut zurechtkommen würde, dann wäre es für die sicher ein leichtes, meiner Mutter einen Schweizer Paß zu besorgen. Das war mein einziges Ziel: Mutter aus der Schußlinie zu bekommen! Ich würde sie dann irgendwo über die Grenze bringen. Und wenn jemand in München nach ihr fragen würde, würde ich traurig mit den Achseln zucken: Keine Ahnung, ist verschwunden, verschollen, vermißt, war plötzlich nicht mehr da, ist vielleicht sogar tot.

Mutter und Dorle brachten mich zum Nachtzug.

»Mach's gut und paß auf dich auf!« sagte Mutter zum Abschied und umarmte mich.

Dorle gab mir einen Kuß auf die rechte Backe: »Alles Gute, Bruderherz.«

»Ich denke an euch«, brachte ich nur heraus und stieg dann ein.

Ich hatte ein mulmiges Gefühl. Wie würde der Flug werden? Würden wir unter Beschuß geraten? Und was erwartete mich in Madrid? Ich versuchte, ein wenig zu schlafen, aber es gelang mir nicht; die Anspannung war zu groß.

Mit etwa fünfzehn weiteren Passagieren stieg ich im Morgengrauen auf dem Stuttgarter Flughafen in die »Hindenburg«, eine viermotorige Junkers. Mir gegenüber saß ein etwa fünfzigjähriger, elegant gekleideter Herr.

Die Maschine startete. Jetzt gab es kein Zurück mehr. Das Flugzeug hatte den Steigflug kaum beendet, da verlor es plötzlich wieder an Höhe. Ich schaute mein Gegenüber an: »Na, der wird doch wohl keinen Motorschaden haben?!«

Der Herr zuckte mit den Schultern: »Vielleicht sind feindliche Maschinen im Luftraum.«

Mir wurde ganz anders bei diesem Gedanken. Kurz darauf landeten wir. Ich schaute aus dem Fenster, fragte den älteren Herrn: »Wissen Sie, wo wir sind?«

»Nein, keine Ahnung.«

In diesem Moment war die Maschine ausgerollt, die Motoren wurden abgestellt.

Der Pilot kam zu uns gerannt: »Wir sind in Freiburg. Bitte steigen Sie alle ganz schnell aus, lassen Sie Ihre Sachen hier. Neben der Rollbahn sind Gräben, schnell, schnell!«

Also ein Fliegerangriff! Daß wir uns beeilen mußten, brauchte man uns nicht zweimal zu sagen. Wir lagen kaum eine Minute in den Splittergräben, als zwei englische Jagdflieger im Tiefflug über den Flugplatz donnerten. Wir hörten Maschinengewehrfeuer; aber es galt drei deutschen ME 109, die am Rand des Flughafens abgestellt waren.

»Wo ist denn die deutsche Flugabwehr?« schrie ich meinem Nachbarn ins Ohr.

Der grinste nur, schrie dann zurück: »Schläft.«

Die englischen Maschinen zogen eine Schleife, kamen dann zurück. Ich dachte: Hoffentlich sind wir jetzt nicht dran! Aber sie feuerten wieder nur auf die anderen Flugzeuge. Unsere »Ju« hatten sie offensichtlich übersehen. Nach diesem zweiten Angriff drehten sie ab und verschwanden. Wir kletterten aus dem Graben, und der Pilot rief: »Bitte alle ins Flughafengebäude!«

Dort mußten wir über eine halbe Stunde warten, bis wir das Flugzeug wieder besteigen konnten. Kaum jemand sagte etwas, der Schreck saß allen noch in den Gliedern. Das hätte auch anders ausgehen können.

Wir starteten wieder. Über Südfrankreich flog die »Ju« extrem niedrig, etwa in 600 Metern Höhe. Man sagte uns, daß die Engländer seit einiger Zeit verstärkt Jagd auf deutsche Verkehrsmaschinen machten, die ins neutrale Spanien flogen oder von dort zurückkamen. Die Vorstellung, als fliegende Zielscheibe unterwegs zu sein, war alles andere als beruhigend. Das ging nicht nur mir so; alle anderen Passagiere hatten sich jetzt ebenfalls an ein Fenster gesetzt, jeder schaute angestrengt nach draußen, suchte den Horizont ab. Doch was hätten wir schon machen können, wenn wir einen Angreifer in der Ferne entdeckt hätten? Jeder Berg, den wir entlangflogen, kam mir vor wie eine Deckung. Aber was war, wenn wir diese Deckung verließen? Die Anspannung war mörderisch. Über den Pyrenäen flog der Pilot besonders niedrig. Erst als er meldete, daß wir über spanischem Territorium seien, kam Erleichterung auf. Glück gehabt. Ich lehnte mich zurück und versuchte, mich zu entspannen.

»Na«, meinte der ältere Herr, »jetzt haben wir es ja bald geschafft.«

»Ja, Gott sei dank.«

»Hoffentlich ist es nicht so heiß in Madrid, das tut meinem Kreislauf nicht gut.«

Der Mann war nicht unsympathisch, schien weit herumgekommen zu sein.

»Sind Sie geschäftlich unterwegs?« fragte ich ihn.

»Ja«, sagte er und zeigte mir seine Uhr. Ich verstand nicht sofort, was er meinte.

»Ich verkaufe Uhren, Kienzle-Uhren.«

»Ach so, dann sind Sie Vertreter?«

»Sowas ähnliches. Ich vertrete mich selbst.«

»Jetzt verstehe ich: Sie sind der Inhaber.«

Er lachte: »So ist es. Und was machen Sie in Spanien? Sie sind doch sicher erst Anfang zwanzig.«

Auf diese Frage hatte ich gewartet; aber ich hatte schließlich meine Legende.

»Bin auch geschäftlich unterwegs, in Sachen Wein, kaufe für einen Großhandel ein.«

Er musterte mich etwas ungläubig; das schien ihn nicht überzeugt zu haben.

»Wie kommt es, daß Sie nicht an der Front sind?« bohrte er nach.

Da hatte ich die Bescherung. Jetzt mußte ich mir schleunigst etwas einfallen lassen.

»Ich bin vom Wehrdienst befreit«, fabulierte ich, »wegen einer akuten Herzkrankheit.«

»Oh, ist es schlimm?« Er schien die Geschichte zu glauben.

Ich faßte mir mit der rechten Hand auf die linke Brust, verzog das Gesicht zu einem schmerzhaften Lächeln, seufzte: »Danke, es geht schon. Aber die Hitze wird mir sicher auch zu schaffen machen.«

»Sind Sie zum ersten Mal in Spanien?« wollte er wissen.

»Ja. Und Sie?«

Er lachte: »Ach, ich war schon so oft hier unten, das kann ich gar nicht mehr zählen. Aber hören Sie: Machen Sie sich darauf gefaßt, daß Sie auffallen werden in Madrid. Ein junger Deutscher, der nicht an der Front ist, muß auffallen. Nicht unbedingt bei den Spaniern, aber es gibt ja noch andere Leute, alliierte Geheimdienste zum Beispiel.«

Ich tat erstaunt: »Ehrlich?«

»Das ist doch klar. Spanien als Nachbarland des besetzten Frankreich – ist doch eine gute Operationsbasis. Ich bin sicher, daß die sehr schnell von Ihrer Anwesenheit Wind bekommen.«

Während ich ein erschrockenes Gesicht aufsetzte, dachte ich befriedigt: Genau diese Bekanntschaften suche ich. Und wenn die von selbst auf mich aufmerksam werden, um so besser.

Am frühen Nachmittag landeten wir in Madrid. Nach den Zollformalitäten telefonierte ich zunächst mit dem Freund von Schorsch Neuner. Er hieß Knaus, war Maler, kam auch aus München und lebte schon über zehn Jahre hier. Er nannte mir die Adresse eines Hotels, in dem er mir ein Zimmer bestellt hatte, und versprach, heute abend vorbeizukommen.

Ich konnte kein Wort Spanisch, aber mit meinen Englischkenntnissen gelang es mir, mich durchzufragen. Im Hotel duschte ich ausgiebig, zog mir frische

Sachen an. Dann erkundete ich die umliegenden Straßen.

Knaus holte mich um sieben Uhr abends im Hotel ab. Wir gingen in ein »deutsches« Restaurant – Treffpunkt der in Madrid lebenden Deutschen. Mein Gesprächspartner war etwa Ende dreißig, hatte einen Vollbart, und seine bayerische Herkunft konnte er auch sprachlich nicht leugnen. Er stellte keine neugierigen Fragen, schien von Schorsch Neuner über den Grund meiner Reise informiert worden zu sein.

»Wie lange werden Sie bleiben?« war das einzige, was er fragte.

»Das kann ich noch nicht sagen. Das hängt von meinem Erfolg ab.«

»Verstehe. Wenn Sie irgendwelche Hilfe brauchen, können Sie jederzeit auf mich zukommen.«

Er erzählte dann ein wenig von sich, von seiner Malerei, vom Leben in der Stadt. Wir vereinbarten, uns an einem der nächsten Abende nochmals zu treffen; vielleicht wüßte ich dann schon Näheres, wie er mir eventuell helfen könne.

Im Hotel sank ich todmüde ins Bett und schlief bis in den nachsten Vormittag hinein. Knaus hatte mir ein paar Tips gegeben, wie ich Madrid in den geographischen Grundzügen am schnellsten und effektivsten kennenlernen würde. Während ich mit dem Bus und zu Fuß verschiedene Ziele ansteuerte, ging mir nur eines durch den Kopf: Wie komme ich an den englischen oder amerikanischen Geheimdienst ran? Eins war klar: Das ging nur mit Hilfe Dritter. Diese »Dritten« mußten Deutsch sprechen, die Verhältnisse in Spanien sehr genau kennen und meine Situation nachvollziehen können. Anspruchsvolle Voraussetzungen. Aber nur so würde es gehen. Die nächste Frage war: Wo finde ich solche Leute? Sicher nur bei deutschen Emigranten, bei emigrierten Juden oder deren Umfeld. Ich war mir sicher, daß der eine oder andere mit dem Secret Service oder dem FBI in Kontakt stand. Wenn jemand aus Deutschland emigrieren mußte, dann tat er das in den wenigsten Fällen freiwillig, sondern gezwungenermaßen – sei es, daß er verfolgt wurde oder daß ihm die politische Richtung in Deutschland nicht paßte. In jedem Fall aber hatte er ein Interesse daran, zum Sturz und zur Niederlage des Hitler-Regimes beizutragen. Und das wiederum ging am besten, wenn man die Alliierten unterstützte. Eine solche Unterstützung konnte auch in der Beschaffung und Lieferung von Informationen bestehen. Ich folgerte weiter: Solche Kontaktleute mußten, um an diese Informationen heranzukommen, die Gesellschaft von deutschen Reisenden, von Geschäftsleuten suchen. Im lockeren Gespräch würden die einiges aus Deutschland erzählen, was für die Alliierten Geheimdienste von Interesse war. Schlußfolgerung: Ein solcher Treffpunkt war mit Sicherheit das deutsche Restaurant, in das mich Knaus gestern geführt hatte. Der Schlawiner! Ohne daß wir ein Sterbenswörtchen darüber gesprochen hätten, hat er mich mit der Nase darauf gestoßen! Mit Knaus hatte Schorsch Neuner wirklich eine gute Wahl getroffen. Ich nahm mir vor, gleich heute abend wieder dorthin zu gehen und möglichst lange zu bleiben. Weiter dachte ich: Wenn jemand die Stammgäste kennt, dann ist es der Kellner. Diesen Kontakt wollte ich als erstes aufnehmen.

Der Kellner, ein älterer Mann, erkannte mich wieder, begrüßte mich wie einen Bekannten. Als ich meine Bestellung aufgab, kamen wir ins Gespräch. Er erzählte, daß er vor 1930 nach Spanien gekommen und mit einer Spanierin verheiratet sei. Politisch äußerte er sich nicht, was ich verstehen konnte. Er durfte es sich mit keinem verderben, schließlich verkehrten hier Vertreter aller politischen Richtungen, vom eingefleischten Nazi bis zum Widerstandskämpfer.

»Und warum sind Sie in Madrid?« fragte er mich. Ich tischte wieder das Märchen vom herzkranken Weineinkäufer auf, wollte aber auch gleich einen Anknüpfungspunkt liefern, damit er möglicherweise vermittelnd tätig wurde.

»In Malaga, wohin ich weiterreise, soll ich aber auch Gold für reiche Deutsche besorgen. Haben Sie auf dem Goldmarkt Kontakte?«

Er überlegte. »Moment, da muß ich nachdenken. Jetzt bringe ich Ihnen erst mal was zu trinken.«

Die Idee mit dem Gold fand ich nicht schlecht; denn so käme ich vielleicht an geschäftstüchtige Emigranten heran, die sich eine Vermittlungsprovision verdienen wollten. Vielleicht war einer dabei, der tatsächlich Geheimdienst-Verbindungen besaß. Der Kellner brachte eine Karaffe Rotwein.

»Kommt der Knaus auch noch?« fragte er mich.

»Ja, eigentlich müßte er schon hier sein. Mit dem Essen warte ich noch.«

Er ging wieder, ohne etwas zum Thema »Gold« zu sagen. Vielleicht überlegte er noch.

Nach etwa einer halben Stunde kam er wieder an meinen Tisch.

»Na, der Knaus läßt Sie wohl sitzen!«

»Ich verstehe das auch nicht«, heuchelte ich, »vielleicht ist ihm was dazwischengekommen.«

»Ist eigentlich ein zuverlässiger Mann«, meinte der Kellner, »wollen Sie denn jetzt etwas essen?«

»Also gut, bringen Sie mir bitte eine Portion Paella.«

»Wird gemacht, mein Herr.«

Er blickte auf mein Glas, das fast leer war.

»Noch einen Wein?«

»Ja, gerne.«

Er verschwand wieder. Immer noch kein Wort vom Gold.

Nachdem ich gegessen hatte und mittlerweile bei der dritten Karaffe Wein angelangt war, dachte ich: Der gute Mann hat die Sache mit dem Gold sicher vergessen. Soll ich ihn noch mal ansprechen? Nein, das wäre zu aufdringlich. Ich werde morgen wiederkommen, vielleicht erinnert er sich dann. Ich winkte ihm, um zu bezahlen. Er rechnete die Beträge zusammen, ich reichte ihm zwei Scheine: »Stimmt so. Knaus ist jetzt doch nicht mehr gekommen, ich werde ihn morgen mal anrufen.«

Ich wollte gerade aufstehen und gehen, da meinte der

Kellner fast beiläufig: »Wenn Sie morgen vormittag um elf hier sind, stelle ich Ihnen jemanden vor.«

Er hatte es doch nicht vergessen, wollte mich wahrscheinlich nur auf die Folter spannen.

»Morgen um elf? Ja, bin ich hier. Und danke.«

»Nichts zu danken; ich hoffe, es kommt für Sie etwas dabei heraus. Einen schönen Abend noch.«

»Ebenso, bis morgen.«

Ich hatte eine sehr unruhige Nacht, wälzte mich im Bett hin und her. Jetzt rollte die Geschichte an. Wer das wohl war, den der Kellner da aufgetan hatte? Die halbe Nacht lag ich wach, stand um sechs Uhr auf. An Schlafen war nicht zu denken. Ich lief durch das erwachende Madrid, immer mit den Gedanken an das kommende Ungewisse im Kopf. Ich lief und lief stundenlang, setzte mich nur zwischendurch kurz mal in einen Park, um auszuruhen. Pünktlich um elf war ich in dem Lokal. Der Kellner begrüßte mich wieder freundlich, ich bestellte einen Kaffee. Als er ihn brachte, sagte er: »Hinten links in der Ecke, das ist er. Soll ich ihn an Ihren Tisch bitten?«

»Ja, das wäre das beste.«

Er ging zu dem Mann und sprach kurz mit ihm. Dieser erhob sich, nahm seine Kaffeetasse und kam zu mir. Der Kellner stellte ihn mir vor: »Das ist Herr Schulz, und Sie sind?«

»Van Laak«, beeilte ich mich zu sagen, »bitte nehmen Sie doch Platz.«

Schulz war Anfang vierzig und hatte eine waschechte »Berliner Schnauze«. Er erzählte, daß er schon einige

Jahre in Madrid leben und die Verhältnisse gut kennen würde.

»Was Ihr Geschäft betrifft, kann ich Ihnen sicher behilflich sein. Aber«, er blickte sich um, »das ist nicht der richtige Ort für solche Verhandlungen. Können Sie heute nachmittag in meine Wohnung kommen? Sagen wir um drei?«

»Ist gut. Wo wohnen Sie?«

Er holte einen Zettel aus der Jackettasche und schrieb eine Adresse auf. Wir hatten beide unseren Kaffee ausgetrunken, ich wollte die kurze Unterhaltung aber noch nicht beenden. »Mögen Sie ein Bier? Kommen Sie, ich lade Sie ein.«

Ich bestellte zwei Bier, und wir unterhielten uns über Deutschland. Dabei stellte sich sehr bald heraus, daß wir in der Ablehnung der Naziherrschaft einer Meinung waren. Es waren politische Gründe, weswegen Schulz aus Deutschland weggegangen war.

Nach einer mittäglichen Siesta im Hotel bestellte ich mir ein Taxi und fuhr zur angegebenen Adresse. Schulz begrüßte mich freundlich, wir setzten uns ins Wohnzimmer. Er kam gleich zum Thema. »Sie verstehen schon, daß dieses Lokal für solche Geschäfte nicht besonders geeignet ist?! Hier sind wir ungestört und unbeobachtet. Also, wieviel Gold brauchen Sie?«

Jetzt war die Stunde der Wahrheit gekommen, ich mußte raus mit der Sprache.

»Herr Schulz«, sagte ich, »es tut mir leid, wenn ich Sie enttäuschen muß. Der Grund meiner Kontaktaufnahme ist ein anderer. Das Gold war nur ein Vorwand.«

»Wie, Sie wollen gar nichts kaufen? Was wollen Sie dann?«

»Bitte hören Sie mir zu. Sie sind doch, genauso wie ich, gegen das Naziregime. Die Gründe, warum ich meine Probleme mit diesem Staat habe, möchte ich Ihnen gerne erläutern.«

»Also, erzählen Sie.«

Aus seiner Stimme klang noch etwas die Enttäuschung über das verpaßte Geschäft, aber die gemeinsame Ablehnung Hitlers bot wenigstens die Basis für eine Fortsetzung des Gesprächs.

»Ich war drei Jahre Soldat, war in Belgien, Frankreich, Ostpreußen und auf der Krim. Dann wurde ich rausgeschmissen, aus der Wehrmacht entlassen.«

»Und warum?« wollte Schulz wissen.

»Ich bin Halbjude, meine Mutter ist Jüdin.«

»Verstehe.«

Schulz begann, sich für meine Geschichte zu interessieren. Ich fuhr fort: »Sie wissen, was mit den Juden in Deutschland, und nicht nur dort, passiert?«

Er nickte.

»Meine Mutter hat schon mehrere Abtransportbefehle von der Gestapo erhalten, zum Glück ist es uns mit allerlei Tricks jedesmal gelungen, die Deportation nach Polen zu verhindern. Aber der nächste Termin ist absehbar, spätestens in einem halben Jahr. Und bis dahin muß mir wieder was eingefallen sein. Es geht darum, einen erneuten Aufschub zu erreichen, die Zeit zu überbrücken, bis der Krieg vorbei ist. Sie glauben sicher auch nicht, daß Hitler diesen Krieg noch gewinnen kann?«

Schulz lachte: »Die Niederlage ist doch schon abzusehen. Das geht höchstens noch ein Jahr.«

»Genau. Und bis dahin müssen wir durchhalten. Aber mit Tricks wird das jetzt nicht mehr gehen, ärztliche Atteste und sowas zeigen schon lange keine Wirkung mehr. Deshalb brauche ich einen gefälschten Paß für meine Mutter, am besten einen für die Schweiz. Ich muß sie aus Deutschland rausbringen. Nur im Ausland ist sie wirklich sicher.«

»Und was kann ich da für Sie tun? Ich bin kein Paßfälscher«, sagte Schulz.

»Nein, das erwarte ich auch nicht. Meine Rolle als Weineinkäufer diente nur dazu, bei meinem Zwischenaufenthalt in Madrid jemanden zu finden, der einen Kontakt zum englischen Geheimdienst herstellen kann. Für den Secret Service ist es doch ein leichtes, einen Schweizer Paß für meine Mutter zu besorgen. Die sollen das auch nicht ohne Gegenleistung tun. Ich wäre bereit, den Engländern als V-Mann zu dienen.«

Schulz war nachdenklich geworden. Zur Untermauerung meiner Geschichte zeigte ich ihm meinen Wehrpaß und den Abtransportbefehl. Das beeindruckte ihn noch zusätzlich.

»Ich will mal sehen, was ich machen kann«, sagte er nach einer Weile. »Ich habe zwar keinen direkten Draht zum Secret Service, aber Sie wissen ja, wie das ist: Man kennt jemanden, der seinerseits jemanden kennt, der ... Geben Sie mir zwei Tage Zeit, ich lasse Ihnen eine Nachricht zukommen.«

»Wenn Sie da wirklich etwas erreichen können, werde ich mich natürlich erkenntlich zeigen.«

»Ach was, lassen Sie mal. Das fällt unter die Rubrik Kameradschaftshilfe. Ich kann nichts versprechen.«

Ich verabschiedete mich und fuhr ins Hotel zurück.

Wieder begann eine Zeit des Wartens und Nichtstuns. Schulz rief tatsächlich nach zwei Tagen an, teilte mit, daß er die Angelegenheit weitergeleitet hätte. Ich atmete auf.

»Aber es wird noch mal zwei Tage dauern, bis ich Ihnen Endgültiges sagen kann. Also noch ein bißchen Geduld.«

Der hatte gut reden. Ich war jetzt den fünften Tag in Madrid, und es hatte sich noch nichts getan. Ruhelos lief ich durch die Stadt.

Am siebten Tag rief Schulz nachmittags um fünf an: »Können Sie in einer Stunde in der Vorhalle des Hotels Placa de la Sol sein? Ich warte dort auf Sie.«

Endlich, endlich war es soweit. Oder wollte er mich vielleicht nur treffen, um mir zu sagen, daß seine Bemühungen erfolglos waren? Voller Anspannung fuhr ich zu dem genannten Hotel, war pünktlich um sechs Uhr dort. Schulz wartete schon. Wir tranken einen Aperitif zusammen, redeten zunächst über Belanglosigkeiten. Schulz fing plötzlich an, ziemlich lautstark auf die Nazis zu schimpfen. Ich verstand nicht, warum er dies hier in der Hotelhalle tat, aber ich fragte nicht nach, ließ ihn gewähren. Er würde schon seine Gründe haben. Jetzt wurde er wieder leiser und sagte: »Ich werde gleich gehen. Warten Sie zehn Minuten und fahren Sie dann in den siebten Stock. Zimmer 737, Dr. van Acker. Wenn sie unterwegs gefragt werden sollten, wo Sie hinwollen, sagen Sie, daß Sie wegen einer Kavalierskrankheit bei Dr. van Acker in Behandlung seien und einen Termin hätten. Viel Glück!«

Schulz stand auf und verließ das Hotel.

Nach zehn Minuten ging ich zum Aufzug. Zwei junge Frauen drängten sich im letzten Moment noch mit hinein und musterten mich ziemlich auffällig. So beobachtet zu werden, behagte mir gar nicht. Ich stieg im siebten Stock aus, ging den Gang entlang bis zur Zimmernummer 737, klopfte. Die Tür wurde geöffnet, und mir stand ein großgewachsener, etwa fünfunddreißigjähriger Mann gegenüber.

»Sie sind van Laak? Kommen Sie rein. Sind Sie holländischer Abstammung?«

Er zeigte auf einen Sessel: »Bitte nehmen Sie Platz. Wollen Sie ein Glas Wasser?«

Das nahm ich gerne an. Van Acker setzte sich dann auf die Couch, etwa drei Meter von mir entfernt.

»Entschuldigen Sie, daß ich Sie ein paar Tage habe warten lassen, aber wir mußten erst ein paar Erkundigungen über Sie einziehen.«

Ich erschrak ein wenig, war aber gleichzeitig erleichtert: Offensichtlich war ich an der richtigen Adresse.

Völlig klar, daß man mich »abklopfen« mußte, bevor man sich auf irgend etwas einließ.

»Solche Erkundigungen«, fuhr van Acker fort, »dauern oft länger, als man selbst will. Aber ohne die geht gar nichts. Sie kommen also aus München?«

»Ja.«

»Gibt's Hitlers Privatwohnung am Prinzregentenplatz eigentlich noch? Oder haben wir sie endlich erwischt?«

Ich war verblüfft. Mit allem hätte ich gerechnet, nur nicht mit einer solchen Frage zu Beginn eines Gesprächs, das ganz andere Dinge zum Thema haben sollte. Ich schüttelte den Kopf: »Da bin ich leider überfragt. Seit dem letzten Fliegerangriff war ich nicht mehr in Bogenhausen.«

»Ach, und sagen Sie, wie geht's denn der Familie Rösner, Sie wissen schon, die auf dem Oktoberfest die Ochsenbraterei leitet?«

Schon wieder so eine unerwartete Frage. »Sie kennen sich in München ja bestens aus«, konterte ich, »so, als ob Sie ein echter Münchner wären.«

Van Acker lachte: »Nein, nein. Aber wissen Sie, das bringt der Job mit sich. Ich bin Holländer, war ein Jahr in Kriegsgefangenschaft in Nürnberg-Langwasser, konnte dann fliehen und war ein weiteres Jahr als Agent in Deutschland tätig. Da kommt man rum und kennt sich sehr schnell aus.«

Daß er Holländer war, hätte ich – außer vielleicht an seinem Namen – nicht erkannt; er sprach völlig akzentfrei.

»Aber jetzt zu Ihnen, van Laak«, sagte er, nahm einen großen Schluck aus seinem Wasserglas.

»Sie sind also als Weineinkäufer nach Spanien gekommen.«

»Ja. Ich verstehe zwar überhaupt nichts vom Weingeschäft, trinke aber gerne mal einen Schoppen oder zwei.«

Van Acker mußte lachen: »Nicht schlecht, die Tarnung. Und diese Legende verdanken Sie Ihrer Verwandtschaft.«

Ich war wieder verblüfft. Der wußte offensichtlich alles über mich.

»Ja, das stimmt, aber diese Verwandten wären auch nicht böse, wenn ich ohne einen Geschäftsabschluß zurückkäme.«

»Sie sind also wegen ganz anderer Geschäfte nach Madrid gekommen.«

»Stimmt. In erster Linie, um private Dinge zu regeln.«

»Das deckt sich mit unseren Informationen, Herr van Laak.«

Mein Erstaunen wuchs weiter: »Wie haben Sie das alles so schnell herausgekriegt? Wo haben Sie sich denn überall erkundigt?«

Van Acker lehnte sich auf der Couch zurück, genoß es offensichtlich, die Effizienz seines Apparates zu demonstrieren.

»Das ist doch ganz einfach. Zunächst haben wir in München nachgefragt, ob Sie bei der Abwehr gemeldet sind. Die Rückantwort ist schon da: negativ; nicht als

V-Mann gemeldet. Auch bei der Wehrmacht haben wir unsere Erkundigungen eingezogen. Ihre Angaben stimmen, Sie wurden entlassen.«

»Und so was können Sie in wenigen Tagen feststellen?«

Van Acker grinste: »Ja, wie Sie sehen. Glauben Sie, ich hätte Sie herkommen lassen, wenn Ihre Angaben nicht bestätigt worden wären?«

Das hörte ich gerne; die erste Hürde schien genommen zu sein.

»Aber«, meinte van Acker, »wir werden uns in den nächsten Tagen noch öfter treffen müssen. Unser heutiges Treffen war erst der Beginn unserer Unterhaltung. Da gibt es noch einiges, was wir von Ihnen wissen wollen.«

»Einverstanden. Wann soll ich wiederkommen?«

»Am besten morgen schon, sagen wir zwei Uhr nachmittags. Das ist die angenehmste Zeit, weil die ganze Stadt Siesta hält. Und, Herr van Laak, Sie sollen wissen, daß ich mich hauptsächlich um Sie kümmere, man hat mich mit Ihrem Fall betraut. Weil wir wissen, daß Sie nicht viel Zeit haben, sollten wir diese Treffen ab jetzt jeden Mittag durchführen.«

Ich wußte oder ahnte, was das hieß: eine Prüfung auf Herz und Nieren. Verhöre und nochmals Verhöre.

Immer wieder ging ich um zwei Uhr ins Hotel Placa de la Sol, um van Acker zu treffen. Jeden Tag ging das Verhör von vorne los. Er stellte fast immer dieselben Fragen, oft freundschaftlich, zwischendurch aber auch barsch und kurz angebunden. Es war, als ob er mit diesem sich wiederholenden Trommelfeuer irgendeine Widersprüchlichkeit aus mir herauslocken, mich verunsichern wollte. Die Art seiner Befragung verriet Routine. Auch der Wechsel im Tonfall war eingespielt, wurde bewußt als psychologisches Mittel eingesetzt, um meine Standfestigkeit zu testen, mich vielleicht doch bei einer Lüge zu ertappen.

»Wie lange waren Sie Soldat? – Wie lange waren Sie an der Front? – Wie lange Student? – Im Studentenbund? – Warum in der Hitlerjugend? Von wann bis wann? – Weshalb wird Ihre Mutter verfolgt? – Warum Sie nicht?«

Immer und immer wieder die gleichen Fragen.

»Ihre politische Gesinnung? – Weshalb wollen Sie für die Alliierten als Agent tätig werden? – Sind Sie sich über die Konsequenzen im klaren?«

Schließlich konzentrierte sich van Acker bei seinem Verhör hauptsächlich auf die beiden letzten Fragen. Damit schien sich anzudeuten, daß meine Lebensgeschichte für ihn mittlerweile wasserdicht war und daß es nun daran ging, mich auf meine künftige Tätigkeit vorzubereiten. Auch seine Bemerkung, daß die Nachfrage beim RSH in Berlin mittlerweile mit »keine Meldung« beantwortet worden war, wies in diese Richtung.

Das ewige Warten war nervenaufreibend. Zwar konnte ich sicher sein, daß die Recherchen des Secret Service immer nur meine Angaben bestätigen würden, aber wann endlich ging es »zur Sache«? Oft lag ich im

Hotel auf dem Bett und döste vor mich hin; dann raffte ich mich wieder auf, ging ziellos durch die Stadt, war um zwei Uhr bei van Acker, ging ab und zu in das deutsche Restaurant, traf Knaus. Aber es gab nicht viel zu reden. Die Zeit des untätigen Wartens schnürte jeden Gedankenaustausch ab.

Meine Stadtausflüge unterließ ich nach einer Weile, da ich mich beobachtet fühlte. Dieser Eindruck verstärkte sich, als ich in meinem Hotel die beiden Frauen wiedererkannte, die sich bei meinem ersten Besuch im Placa de la Sol noch schnell in den Fahrstuhl gedrängt hatten. Zur fast hundertprozentigen Gewißheit wurde mein Verdacht, als eine dieser Frauen, die ein Zimmer auf meiner Etage bezogen hatte, mich abends auf dem Flur ansprach: »Haben Sie heute abend schon etwas vor? Kommen Sie doch mit an die Bar! Sie sind immer alleine auf dem Zimmer oder gehen alleine durch die Straßen. Ein junger Mann in Ihrem Alter muß doch nicht alleine sein!«

Sie hatte mich auf Englisch angesprochen. Woher wußte sie, daß ich Englisch verstand? Woher wußte sie, daß ich alleine durch die Stadt gehe oder auf dem Zimmer bin? Das kam mir äußerst dubios vor. Ich lehnte dankend ab.

Die Verhöre gingen weiter. Hatte das denn überhaupt kein Ende? Mitten in die schon bekannte Litanei platzte van Acker plötzlich mit der Frage: »Sagen Sie, van Laak, haben Sie genügend Geld dabei, um noch weitere zehn oder vierzehn Tage hierzubleiben?«

»Na ja, das Visum gilt noch zwei Monate, aber mein Geld reicht noch höchstens eine Woche.«

»Dann bekommen Sie von mir morgen zweitausend Peseten als kleine Beihilfe für den Aufenthalt. Die Ergebnisse unserer Ermittlungen waren ja rundum zufriedenstellend. Ihre Unterlagen werden bereits in London bearbeitet, sie müßten in den nächsten Tagen zusammen mit der V-Nummer hier eintreffen.«

Ich schaute ihn fragend an. »Ist doch klar, daß Sie wieder nach Deutschland gehen und dort für uns tätig werden. Nur direkt vor Ort sind Sie für uns nützlich. Und jeder V-Mann kriegt eine Nummer; Ordnung muß schließlich sein, auch im Krieg.«

Ich hatte ein ungutes Gefühl: »Und was ist mit dem Schweizer Paß für meine Mutter?«

»Ist beantragt«, sagte van Acker, »aber Sie kennen ja die Behörden. Das ist bei uns nicht anders als bei Ihnen.«

Ich war froh, daß jetzt wenigstens ein bißchen Bewegung in die Angelegenheit zu kommen schien, auch wenn es weiter hieß: warten. Ich verzog mich ins Hotel, verließ es nicht bis zum nächsten Mittag. Van Acker bezahlte mir tatsächlich die versprochenen zweitausend Peseten. Das war nicht nur eine willkommene Aufbesserung meiner Finanzen, sondern gab mir das Bewußtsein, schon fast im Sold des Secret Service zu stehen. Jedenfalls befand ich mich auf dem besten Weg dorthin, und mein Plan schien aufzugehen.

Der vorletzte Tag meines Madrid-Aufenthalts brach

an. Nach dem Frühstück lag ich wieder auf dem Bett, hing meinen Gedanken nach. Plötzlich ging die Tür auf, und die junge Frau, die mich vor ein paar Tagen auf dem Flur angesprochen hatte, kam einfach hereinspaziert.

Ich sprang auf: »Was wollen Sie?« fragte ich auf Englisch.

»Ach, er ist wieder alleine. Ist das nicht mein Zimmer?«

»Nein, das ist mein Zimmer, bitte gehen Sie.«

Die Frau ging zum Fenster, schaute hinunter auf die Straße, drehte sich zu mir um: »Sie gehen gar nicht mehr spazieren in der Stadt! Was ist los?«

Ich wurde langsam ungeduldig und auch ein bißchen böse: »Verlassen Sie sofort mein Zimmer. Ich habe kein Interesse!«

»Schon gut, schon gut«, meinte sie schmollend, bewegte sich langsam wieder auf die Zimmertür zu.

»Aber wenn Sie mal Gesellschaft brauchen – ich habe Zimmer Nummer 205.«

Damit war sie draußen; ich verschloß die Tür.

Wie gehabt: Zwei Uhr Hotel Placa de la Sol, Zimmer 737. Van Acker hielt mich weiter hin, hatte noch immer keine Nachricht aus London.

»Aber die V-Nummer muß jeden Tag eintreffen, glauben Sie mir. Wir haben doch selbst größtes Interesse daran, daß Sie anfangen. Wenn die Papiere da sind, wissen wir auch, für welchen Auftrag Sie in Deutschland vorgesehen sind. Wir brauchen dann hier noch ein paar Tage konkrete Einarbeitung und Vorbereitung, aber richten Sie sich mal darauf ein, daß Sie in etwa einer Woche zurückfliegen.«

Ich hatte nur eins im Kopf: »Hat sich mit dem Paß für meine Mutter schon etwas getan?«

»Gut, daß Sie mich daran erinnern. London braucht noch Geburtsdatum und Geburtsort Ihrer Mutter.«

Langsam wurde ich ärgerlich, ließ mir das aber nicht anmerken. Die Daten hatte ich ihm, zusammen mit einem Paßfoto, schon vor zwei Wochen gegeben. Aber bitte: alles noch mal.

Ich lag wieder stundenlang im Zimmer des Hotels und versuchte, mir Klarheit über meine Situation zu verschaffen. Daß ich als V-Mann für den Secret Service nach Deutschland zurückkehren würde, war so gut wie sicher. Damit wäre ich aber in einer Doppelrolle tätig; denn auch die deutsche Abwehr wollte von mir Ergebnisse. Wie lange könnte ich die Rolle als Doppelagent spielen, ohne zwischen den Fronten zerrieben zu werden? Oder sollte ich nur auf die Engländer setzen und die Deutschen an der Nase herumführen? Aber was hätte das zur Folge? Solange Hitler an der Macht und der Krieg nicht verloren war, war die Gestapo am längeren Hebel. Die Gefahr für Mutter würde also sehr viel größer werden, wenn man mir auf die Schliche käme – solange ich sie nicht in die Schweiz gebracht hatte. Aber selbst wenn das gelungen wäre, würde ich selbst zur Zielscheibe werden. Diese Möglichkeit schied also aus.

Was wäre, wenn ich mich einseitig für die deutsche Abwehr entscheiden und mit den Engländern nur zum

Schein kooperieren würde? Diese Aussicht war auch nicht gerade verlockend, denn was wäre nach Kriegsende? Ich würde zwangsläufig von den Siegern ins Visier genommen werden; die Alliierten würden mich zur Rechenschaft ziehen. Und das wäre wieder eine neue Leidenszeit für mich und meine Familie.

Ich saß in der Zwickmühle. Stundenlang lag ich nachts wach, überlegte hin und her. Der Paß für Mutter schien gesichert zu sein, aber wie würde die Gestapo reagieren, wenn sie plötzlich verschwunden wäre? Würde man das einfach so akzeptieren? Oder würde man sich an meine diversen Auftritte erinnern und irgendeine Finte meinerseits vermuten? Damit wäre dann aber auch mein Draht zur Abwehr in Frage gestellt, und die Gestapo würde ihre Repressalien nun gegen mich und vielleicht auch Dorle richten.

Morgens um fünf Uhr fand ich den einzig möglichen Ausweg: Ich mußte das angepeilte Doppelspiel in der Schwebe halten, mußte verhindern, festgelegt zu werden. Ich durfte keine festen Fronten schaffen, mußte nach beiden Seiten hin taktieren, Zeit gewinnen. Zeitgewinn war die einzige Hoffnung – lange konnte der Krieg nicht mehr gehen. Wenn es mir gelingen würde, mich weiterhin sowohl der deutschen Abwehr als auch dem Secret Service gegenüber als »interessant« zu präsentieren, ohne feste Verpflichtungen einzugehen, könnte ich vielleicht die Zeit bis zum Ende des Krieges überbrücken. Ich mußte nur einerseits die Engländer hinhalten, andererseits die Deutschen glauben machen, daß meine Kontakte zum Secret Servie zwar da seien, aber erst langsam reiften. Daß ich diese Kontakte mittlerweile hatte, konnte ich nachweisen. Es mußte doch für die Nazis verlockend sein, einen deutschen Agenten im englischen Geheimdienst sitzen zu haben! Genauso wie es für die Engländer von größtem Interesse sein mußte, einen V-Mann im feindlichen Lager zu haben! Ich mußte diesen Schwebezustand so lange wie möglich aufrechterhalten! Nur so war es möglich, die Zwickmühle erträglich zu machen und gleichzeitig eine Verschnaufpause zu erreichen.

Diese Schlußfolgerung meiner Überlegungen gebot aber zwingend, daß ich sofort abreisen mußte! Denn jeder Tag länger hier in Madrid hätte mich der Gefahr ausgesetzt, mich einseitig für die Engländer entscheiden zu müssen. Ich mußte weg, so schnell wie möglich! Gleich am Morgen fuhr ich zum Flughafen und erkundigte mich, wann die nächste Maschine nach München ging. Übermorgen. Ich buchte sofort. Mittags ging ich wieder zu van Acker. Zum Glück waren die Papiere noch nicht da. Ich machte gute Miene zum gewohnten Spiel, verbrachte den Rest des Tages und die Nacht im Hotelzimmer, ging am nächsten Tag wieder scheinheilig zu dem »Doktor«; Papiere immer noch nicht da. Ich atmete innerlich auf. Wieder zurück ins Hotel, dasselbe Spiel. Warten, daß die Zeit vergeht. Der nächste Tag war Abreisetag. Das Flugzeug ging am späten Nachmittag, ich mußte also vorher nochmal zu van Acker. Auch heute noch kein Bescheid aus London. Ich verließ das Hotel Placa de la Sol, holte mein Gepäck aus dem Hotel und fuhr zum Flughafen. Gegen sechs Uhr befand ich mich auf dem Weg nach München. Es war der 4. Mai 1944.

Mutter und Dorle waren froh, daß ich wieder gesund zurückgekommen war. Sie fragten mir zwar Löcher in den Bauch, aber ich wollte sie mit der schwierigen Situation nicht belasten.

Ich antwortete ausweichend: »Die Kontakte, die ich gewonnen habe, sind sehr erfolgversprechend. Aber bis alles unter Dach und Fach ist, wird noch eine Weile vergehen. In München muß ich jetzt weiterwühlen.«

Ich hatte nach meiner Rückkehr gleich Ganzer angerufen. Wir verabredeten uns für den übernächsten Tag. In Madrid hatte ich jeden Abend meine Erlebnisse und Gespräche mit van Acker peinlichst genau aufgeschrieben, um etwas in der Hand zu haben. Diese Aufzeichnungen nahm ich mit. Als Grund für meine plötzliche Abreise hatte ich akuten Geldmangel angegeben.

Ganzer las sich in meinem Dabeisein sofort alles durch, schaute sehr skeptisch, schüttelte manchmal leicht den Kopf. Als er fertig war, blickte er mich an: »Das klingt ja phantastisch!«

Ich strahlte.

»Aber unglaubwürdig!« setzte er nach. »Absolut unglaubwürdig. In diesen paar Tagen wollen Sie mit den Engländern Kontakt aufgenommen haben? Mit Aussicht auf eine V-Nummer? Und der Paß für die Mutter in Arbeit? Van Laak, ich bin ein alter Hase, glauben Sie mir. Ich weiß aus meinen Erfahrungen beim SD, wie schwierig es ist, in die gegnerische Spionage einzudringen. Ihr Bericht in Ehren, aber so kann es nicht gewesen sein!«

Ich war wie vor den Kopf geschlagen. Er glaubte mir nicht!

»Aber es war so, ganz genau so!« versuchte ich das Gespräch weiterzuführen. »Jedes einzelne Wort stimmt, jede Beschreibung!«

Ganzer schüttelte den Kopf: »Tut mir leid, aber mir können Sie nichts vormachen. Ich hätte Ihnen zwar gewünscht, daß Sie Erfolg gehabt hätten, aber mit Märchen kommen wir nicht weiter. Ich werde Ihren Bericht trotzdem zu Ihrer Akte tun. Wir können uns ja demnächst noch mal darüber unterhalten.«

Ich war am Boden zerstört. Da hatte ich diese ganzen Strapazen auf mich genommen, mit dem »Feind« verhandelt, diese Verhandlungen fast bis zum Abschluß geführt, und hier in München glaubte man mir nicht!

Mutter war weiterhin schutzlos. Ich wußte nicht, was ich tun sollte, war apathisch, jobbte ab und zu beim Film. Drei Wochen nach meiner Rückkehr aus Madrid rief Ganzer an und bat mich in sein Büro. Glaubte er meinem Bericht jetzt doch? Als ich ihm gegenübersaß, machte er eine zweideutige Miene.

»Van Laak, ich glaube, ich habe Sie unterschätzt.«

Dabei grinste er etwas hintergründig.

»Wissen Sie, wer bei mir angerufen hat?«

Ich hatte keine Ahnung.

»Die Gestapo Berlin. Und wissen Sie, was die mich fragten?«

Ich schaute ihn nur verständnislos an.

»Die fragten mich, woher Sie das Visum für Spanien gehabt hätten! Die Münchner Gestapo hätte ihnen darauf keine Antwort geben können!«

Ganzer lachte, ich mußte mitlachen. Woher sollte die Münchner Gestapo das auch wissen, da ja das Visum vom SD in Wien beschafft worden war.

»Na ja, jedenfalls«, fuhr Ganzer fort, »ich gab ein paar Hinweise, stellte aber die Gegenfrage, wieso das denn die Gestapo interessieren würde. Und wissen Sie, was die gesagt haben?«

Nein, woher sollte ich das wissen?

»Die haben geantwortet, sie hätten von der deutschen Botschaft in Madrid eine Nachricht erhalten, daß Sie mit dem Secret Service verhandelt haben!«

Jetzt war ich platt. Die deutsche Botschaft in Madrid war darüber informiert, daß ich mit den Engländern ...? In welcher prekären, ja gefährlichen Situation hatte ich mich befunden! Ganzer war sichtlich guter Laune und riß mich aus meinen Gedanken: »Ich hab natürlich gleich Ihren Bericht aus dem Tresor geholt und ihn nochmal genau gelesen. Dann habe ich den Berlinern eine entsprechende Bestätigung gegeben.«

Ich konnte Ganzers Stimmung immer noch nicht teilen, grübelte darüber nach, woher die deutsche Botschaft in Madrid von meinen Kontakten erfahren haben konnte. Vielleicht doch diese Frau? Ganzers Euphorie war nicht zu bremsen: »Was Sie da aufgeschrieben hatten, klang ja auch wirklich sehr unglaubwürdig, um nicht zu sagen: äußerst unwahrscheinlich, nach allem, was ich in diesem Geschäft erlebt habe. Ich mußte davon ausgehen, daß die Phantasie mit Ihnen durchgegangen war. Aber jetzt? Alle Achtung, das hätte ich nicht erwartet.«

Dieses Eingeständnis tat gut, auch wenn dadurch noch nichts gewonnen war. Aber immerhin hatte ich meine Glaubwürdigkeit wiederhergestellt.

»Und was passiert jetzt?« fragte ich ihn.

»Jetzt warte ich auf die Reaktion aus Berlin. Müßte bald eintreffen. Eine erste Antwort nach meinen Hinweisen auf das Visum ist schon da. Wollen Sie sie sehen?«

Natürlich wollte ich sie sehen; Ganzer reichte mir ein Telegramm. Es trug den »Gekados«-Stempel (Geheime Kommandosache). Zentrale Aussage: »Und er ist doch ein Verräter. Näheres folgt.«

Was hatte das zu bedeuten? Was wußte die Gestapo? Mein Aufenthalt bei Ganzer wurde langsam zum Wechselbad, mal kalt, mal heiß.

»Jetzt lassen Sie sich mal nicht irritieren«, meinte er, »Sie haben doch ein gutes Alibi. Ihr Bericht liegt seit drei Wochen bei mir, lange bevor die Berliner Wind davon bekommen haben. Da können Sie sich auf mich berufen. Es muß aber alles stimmen, was da drin steht!«

»Es stimmt wirklich alles«, wußte ich nur zu sagen und ging mit gemischten Gefühlen nach Hause.

Nach zwei Tagen rief Ganzer wieder an: Der Bericht

aus Berlin sei jetzt da. Eine halbe Stunde später saß ich in seinem Büro, studierte das Schreiben. Es war unglaublich: Da stand fast wörtlich, was ich alles mit van Acker besprochen hatte. Woher wußten die das? Dieses Schreiben war beinahe eine Kopie meines Berichts: daß ich für die Engländer arbeiten wollte, daß meine Mutter einen Paß brauchte, daß ich in den Akten des Secret Service bereits registriert war.

»Mensch, van Laak«, rief Ganzer begeistert, »Sie sind ja fast ein Genie! Das stimmt alles mit Ihrem Bericht überein! Alle Achtung! Ich werde Ihre Aufzeichnungen als Bestätigung gleich nach Berlin schicken!«

Ich konnte Ganzers Euphorie noch nicht teilen. Noch immer war es mir ein Rätsel, woher die deutsche Botschaft in Madrid und damit die Gestapo in Berlin ihre Informationen hatte. Ich erfuhr dies erst Wochen später von Ganzer: Beim Secret Service in Madrid saß ein deutscher Agent, der alles über die deutsche Botschaft nach Berlin meldete!

In Madrid hatte ich offensichtlich in großer Gefahr geschwebt, ohne es zu ahnen. Wenn ich bis zur Erteilung der englischen V-Mann-Nummer in Madrid geblieben wäre – nicht auszudenken! Das wäre sofort nach Berlin gekabelt worden, und die hätten meinem »Treiben« sicher schnell ein Ende bereitet. An die Folgen wollte ich lieber nicht denken. Ich hatte den Absprung gerade noch rechtzeitig geschafft. Dadurch hatte ich jetzt beim SD gute Karten; ich mußte sie nur ausspielen.

Ganzer hatte angedeutet, daß ich nach dieser Wendung sicher bald ein Angebot bekommen würde. Für mich war klar, daß meine Tätigkeit für den SD mit der Bedingung verknüpft sein würde, daß meine Familie in Ruhe gelassen wird. Insofern hatte ich mit dem Spanien-Abenteuer genau das erreicht, was ich mir vorgenommen hatte: Ich war für die Nazis interessant geworden.

Es war mittlerweile Juli 1944. Die Alliierten waren in Frankreich gelandet, der Attentats- und Staatsstreichversuch der deutschen Opposition gegen Hitler mißlang, Canaris und andere wurden verhaftet. Die Tatsache aber, daß bereits offen ein Putschversuch gestartet wurde, zeigte, wie schwach Hitlers Position schon war. Dies galt nicht nur politisch, sondern auch militärisch. Die Bombenangriffe der Alliierten wurden nicht nur bei Nacht geflogen, sondern auch mitten am Tag. Unter der Bevölkerung machten sich Verzweiflung und Resignation breit.

»Van Laak«, rief Ganzer ins Telefon, während ich zu Hause im Flur stand und den Hörer wegen Ganzers Lautstärke etwas vom Ohr weghielt, »man erwartet Sie im Reichssicherheitshauptamt in Berlin!«

»Wann?« fragte ich.

»Innerhalb der nächsten acht Tage. Ich besorge Ihnen eine Fahrkarte zweiter Klasse im Schlafwagen und einen Sonderausweis.«

Drei Tage später saß ich im Nachtzug nach Berlin – mal wieder. Doch diesmal nicht als Bittsteller gegenüber einem Herrn namens Eichmann, sondern als jemand, von dem die andere Seite etwas wollte! Oder mußte ich dort auch wieder Verhöre über mich ergehen lassen? Ich war mir dessen nicht ganz sicher, hatte jedoch ein wesentlich besseres Gefühl als bei der ersten Berlin-Fahrt. Und dann das Privileg, im Schlafwagen zu reisen! Fast fühlte ich mich wie ein Sonderbeauftragter des Sicherheitsdienstes, sah mir den Ausweis immer wieder an, den Ganzer mir besorgt hatte: Er trug den Stempel »Gekados« – Geheime Kommandosache.

Das Gebäude des SD war mir von meinem letzten Besuch schon fast vertraut. Diesmal ging ich die Stufen selbstbewußt hinauf, klopfte an der Vorzimmertür eines Obersturmführers, bei dem ich mich melden sollte. Nach kurzem Warten wurde ich vorgelassen. Ich betrat einen fast quadratischen Raum mit großen Fenstern. Der SS-Offizier kam mir von seinem schweren Eichenschreibtisch aus entgegen, lächelte freundlich: »Sie sind van Laak!«

Er schüttelte mir die Hand. »Der SD in München hat Sie bereits angekündigt. Erlauben Sie, daß ich zu unserer Besprechung den Leiter des Referats 6 hinzuziehe; dieses Referat wird für Sie zuständig sein.«

Ich hatte nichts dagegen, nickte. Er ging kurz in das Vorzimmer, sagte seiner Sekretärin Bescheid, kam dann wieder zu mir: »Nehmen Sie doch Platz. Hatten Sie eine angenehme Reise?«

»O ja, danke, ich konnte sogar etwas schlafen.«

»Bis der Sturmbannführer kommt, können Sie mir ja ein bißchen von Ihrer Spanienreise erzählen.«

Ich wiederholte die ganze Geschichte, die er aber aus meiner Akte bereits kennen mußte. Er schien dennoch sehr interessiert zu sein, wollte das Unwahrscheinliche vielleicht immer noch nicht glauben, stellte viele Zwischenfragen. Dann kam der Sturmbannführer.

Die Unterhaltung, die ich bis dahin mit dem Obersturmführer hatte, wandelte sich plötzlich in eine Art Verhör. Die Fragen kamen jetzt von zwei Seiten, nicht bösartig, aber sehr bestimmt, ohne mir viel Zeit zum Nachdenken zu geben. Meine ganze Lebensgeschichte wollten sie von mir wissen: Kindheit, Schule, Familie, Hitlerjugend, Arbeitsdienst, Studenten- und Soldatenzeit. Das einzige, was sie mich nicht fragten, war, mit wieviel Frauen ich bisher geschlafen hatte.

Aus meiner bisherigen Bekanntschaft mit SS-Leuten wußte ich, was diese Art von Untertanen und Befehlsempfängern hören wollte, welche Tonart sie gewöhnt war. Sie sollten von mir nicht enttäuscht werden, ich schlüpfte wieder in die Rolle des Schauspielers. Ich wurde zum hingebungsvollen, gläubigen jungen Mann, der bedingungslos an den Führer und seinen, also »unseren« Endsieg glaubte.

»Wissen Sie«, sagte ich, »ich bin ja in dieser Gesinnung groß geworden, war schon fast erwachsen, als ich zu meinem Erschrecken feststellen mußte, daß ich bei der Auswahl meiner Großmütter nicht vorsichtig genug gewesen war.«

Die beiden schauten sich an, mußten grinsen. Ich fuhr fort: »Da war ich schon fast erwachsen. Welch ein

Mißgeschick! Eine Jüdin als Großmutter! Und ich ein überzeugter Hitlerjunge! Meine Herren, können Sie sich diese Schmach vorstellen?! Und da war ich plötzlich von einem Tag auf den anderen ein minderwertiger Mensch. Oder doch nicht? Als Mensch mit meinen Überzeugungen war ich der gleiche geblieben, hatte nur erfahren, daß ich etwas anderes Blut hatte. Aber trotz dieses anderen Blutes, das auch mein Hirn durchströmte, hatte ich doch meine Begeisterung für das Reich! Nach der allgemeinen Rassenlehre dürfte sowas gar nicht sein: ein Halbjude mit deutsch-nationaler Gesinnung. Und, sehen Sie, meine Herren, ich war sogar Soldat an der Ostfront, habe meinen Kopf für Deutschland hingehalten. Es kann also irgendwas an der rassischen Glaubenslehre nicht stimmen!«

Die beiden schauten sich wieder an, schwiegen. Ich war so richtig in Fahrt gekommen, die Rolle gefiel mir zunehmend.

»Ein Mensch ist ein Mensch, denke ich, und je mehr Menschen sich für Hitler entscheiden, desto besser. Ich bin dafür, daß jeder selbst bestimmen kann, wohin er gehört. Die Südtiroler durften ja auch zwischen Deutschland und Italien entscheiden. Warum sollen nicht auch Juden oder Halbjuden entscheiden, auf welcher Seite sie kämpfen?«

Hier brach ich ab, wollte meinen beiden Gesprächspartnern Gelegenheit geben, Luft zu holen und auch etwas zu sagen. Offensichtlich mußten sie meinen Vortrag tatsächlich erst mal verdauen, denn es dauerte eine

Weile, bis der Sturmbannführer zaghaft meinte: »Ihre Gesinnung in allen Ehren, van Laak, das war überzeugend, aber daß Sie für ein Regime kämpfen, das Sie und Ihre Familie bekämpft ...«

Ich fiel ihm ins Wort: »Zu Unrecht bekämpft, Sturmbannführer, denn wer sich für das Reich einsetzt, muß auch erwarten können, von ihm geschützt zu werden. Die Rassenlehre ist da nicht konsequent durchdacht!«

Der Sturmbannführer ging auf diesen letzten Satz nicht mehr ein, wollte jetzt zum eigentlichen Anlaß meines Besuchs kommen: »Reden wir über Ihre möglichen Einsätze. Aus Ihren Papieren geht hervor, daß Sie bei der Wehrmacht Funker waren. Angenommen, wir würden Ihre Funkkenntnisse etwas auffrischen lassen, könnten Sie sich denn vorstellen, auf diesem Gebiet etwas für uns zu tun?«

»Ja, sicher. Sie wissen ja, daß meine Mutter schon vor Kriegsbeginn – und bis heute – viele Auslandsstudenten des Goethe-Instituts beherbergt hat. Das ging querbeet durch alle Länder, sehr viele kamen aus Nord- und Südamerika. Die Kontakte bestehen noch.«

»Das wäre zum Beispiel eine Möglichkeit«, meinte der SS-Mann, »eine andere Möglichkeit wäre die Schweiz oder Spanien. Lassen Sie uns über den SD in München mal alle Adressen Ihrer ausländischen Bekannten zukommen. Wir werden das von unseren V-Leuten in den jeweiligen Ländern auf mögliche Verwendbarkeit überprüfen lassen. Wir bleiben in jedem Fall in Kontakt.« Damit war das Gespräch beendet, ich war entlassen. Diesmal ging ich nicht mit zitternden Knien die Treppe hinunter, sondern in dem Gefühl, meinen Mann gestanden und meine Rolle gut gespielt zu haben.

Ich fuhr noch am gleichen Abend mit dem Nachtzug nach München zurück. Immerhin hatte ich erreicht, daß die beiden SS-Leute nun einen Bericht über mich schreiben mußten, daß meine Akte wieder dicker wurde, daß die Aufmerksamkeit auf mich gelenkt wurde. Zumindest konnte man mich nicht mehr einfach ignorieren.

Es dauerte etwa zwei Wochen, bis Ganzer sich meldete. Mein Auftritt in Berlin sei überzeugend gewesen, meinte er, Berlin sei angetan. Aber wahrscheinlich werde man doch wieder auf Spanien zurückgreifen, nachdem ich dort bereits Verbindungen geknüpft hätte. Auch gut, dachte ich, sonniger Süden!

Doch durch den Vormarsch der Alliierten in Frankreich wurden die deutschen Luftverbindungen nach Spanien immer sporadischer und gefährlicher, so daß ich kaum noch daran glaubte, dort eingesetzt zu werden. Schließlich brach die zivile Luftfahrt nach Spanien völlig ab. Dieser Umstand kam mir nicht ungelegen, obwohl ich zu gerne nachgeforscht hätte, ob diese beiden Frauen in Madrid mir tatsächlich nachspioniert hatten. Aber es war mir jetzt natürlich lieber, in München zu bleiben und mögliche Angriffe gegen Mutter an Ort und Stelle abzuwehren. Durch meinen Berlin-Besuch und den Kontakt zu Ganzer war ich kein unbeschriebenes Blatt mehr, auch nicht gegenüber der Gestapo, und somit konnte ich etwas Gelassenheit an den Tag legen. Ich nahm wieder ein paar Jobs als Requisiteur an, telefonierte alle zwei Wochen mit Ganzer. (»Nichts Neues«.) Allmählich schien der Niedergang des »Tausendjährigen Reiches« besiegelt zu sein.

Der nächste Abtransportbefehl für Mutter kam Anfang Dezember 1944, einen Monat früher als erwartet. Offensichtlich hatte man in Berlin die kommende Niederlage erkannt und wollte kurz vor Schluß noch »tabula rasa« machen, in den eigenen Untergang noch so viele Juden wie möglich mitreißen. Eine »Endlösung«, wie sie nur einem verbrannten Hirn entsprungen sein konnte.

Ich suchte Ganzer auf, erzählte ihm von dem Abtransportbefehl. »Geht das schon wieder los?« meinte er ärgerlich. »Passen Sie auf, am besten, Sie gehen zur Gestapo und machen Dampf!«

»Aber wie?«

»Geben Sie den zuständigen Beamten meine Telefonnummer, sie sollen mich anrufen. Denen werde ich was erzählen!«

Bei der Gestapo geriet ich an eine magere, blonde Frau, die von ihrer Arbeit sehr überzeugt zu sein schien. Als ich ihr meinen Wunsch vortrug, den Abtransportbefehl aufzuheben, fuhr sie mich unwirsch an: »Das ist ein Befehl! Wie kommen Sie dazu, diesen Befehl in Frage zu stellen?!«

Ich antwortete ruhig: »Weil meine Firma dagegen ist.«

Sie lachte herablassend: »Das ist doch kein Grund, junger Mann.«

»O doch«, sagte ich, »melden Sie mich bitte Ihrem Vorgesetzten. Sie werden schon sehen ...«

»Es gibt keine Firma, die der Gestapo Vorschriften machen kann!«

Ihre Stimme war jetzt spitz und schrill geworden.

Ich blieb weiter ruhig: »Da bin ich etwas anderer Meinung. Melden Sie mich jetzt an?!«

Sie war sichtlich aufgebracht, ging aber tatsächlich ins Nebenzimmer. Es dauerte eine Weile, dann wurde die Tür aufgerissen, und ein untersetzter, älterer Oberscharführer der SS stürmte heraus, pflanzte sich breitbeinig vor mir auf und fuhr mich an: »Was wollen Sie??«

Ich mußte innerlich ein bißchen grinsen, als ich diese Person so aufgeplustert vor mir stehen sah, zog aus meiner Manteltasche den Zettel mit Ganzers Telefonnummer, streckte ihn dem Oberscharführer entgegen: »Ich wollte Sie nur höflich bitten, diesen Anschluß anzurufen. Dort werden Sie eine erschöpfende Auskunft darüber erhalten, wie mit meiner Mutter zu verfahren ist.«

Er war sichtlich verunsichert, griff nach dem Zettel, las die Nummer. Die Ziffern müssen ihm wohl bekannt vorgekommen sein, denn er zog erstaunt die Augenbrauen hoch, sagte aber unwirsch: »Moment, das haben wir gleich. Warten Sie hier!«

Er verschwand in seinem Zimmer, schloß die Tür hinter sich. Die blonde Frau hatte wieder an ihrem Schreibtisch Platz genommen, würdigte mich keines Blickes. Ich wartete.

Nach einer Viertelstunde öffnete sich die Tür wieder, und heraus kam ein völlig verwandelter Oberscharführer. Fast unterwürfig und in einer schleimigen, künstlich-kumpelhaften Art säuselte er: »Das haben wir ja gar nicht gewußt, Herr van Laak! Wenn das so ist . . . Ist doch klar, daß der Abtransportbefehl rückgängig gemacht wird. Hoffentlich hat sich Ihre Mutter nicht zu sehr aufgeregt.«

Ich mußte wieder innerlich grinsen, ließ mir aber nichts anmerken. Der Oberscharführer setzte noch einen drauf: »Sagen Sie Ihrer Mutter bitte schöne Grüße!« Wenn irgendwo ein leerer Stuhl in der Nähe gewesen wäre, hätte ich mich setzen müssen: Die Gestapo läßt meiner Mutter, einer Jüdin, schöne Grüße ausrichten!

Ich verabschiedete mich schnell, konnte mir aber im Hinausgehen nicht verkneifen, der Blonden noch halblaut zuzurufen: »Jetzt haben Sie mal eine der Firmen erlebt, die auch der Gestapo etwas zu sagen haben.«

Voller Befriedigung verließ ich das Gebäude. Geschafft! Ich hatte es geschafft! Mein Plan war aufgegangen! Ich hastete zur Straßenbahn, konnte es kaum erwarten, Mutter und Dorle von diesem Erfolg zu berichten. Die zweihundert Meter von der Haltestelle bis zu unserem Haus rannte ich im Dauerlauf, klingelte Sturm. Als Mutter öffnete, fiel ich ihr stürmisch um den Hals: »Es ist vorbei! Vorbei, vorbei! Es hat geklappt!«

Wir hatten Tränen in den Augen, als wir ins Wohnzimmer gingen. Dorle kam dazu, ich erzählte kurz von meinem Auftritt bei der Gestapo. Solange ich beim SD geführt wurde und Ganzer zu mir hielt, konnte nichts passieren. Der nächste Transport ging in einem halben Jahr. Aber so lange würde sich Hitler gar nicht mehr halten, das war aufgrund des Kriegsverlaufs mittlerweile jedem nur einigermaßen vernünftig denkenden Menschen klargeworden.

An dem Morgen, an dem Mutter abgeholt werden sollte, saßen wir zu dritt am Frühstückstisch. Mutter war trotz der guten Nachricht immer noch etwas nervös, ging ab und zu zum Fenster. »Du brauchst gar nicht nachzuschauen, da kommt heute kein Gestapo-Auto!« versuchte ich sie zu beruhigen.

Auf dem Frühstückstisch brannte eine Kerze am Adventskranz; der zweite Advent war in drei Tagen. Mutter kam wieder zum Tisch: »Ich wünschte, es wäre so.«

»Jetzt iß erst mal was«, sagte Dorle. Sie war die Ruhe selbst. Um zehn Uhr, als immer noch keine Gestapo-Leute an der Tür klingelten, wich auch bei Mutter die Unruhe.

»Mensch, Gert, haben wir es wirklich mal wieder geschafft?«

»Ja, Mutter, Gott sei Dank. Und diesmal war es das letzte Mal; ein weiteres Mal wird es nicht geben.«

# IX

# EPILOG

Mein Optimismus bewahrheitete sich: Bis Kriegsende wurde seitens der Gestapo kein Versuch mehr gestartet, Mutter abzutransportieren. Alles blieb ruhig. Ab und zu traf ich mich mit Ganzer, doch ein Einsatz beim SD schien nicht mehr aktuell zu sein, war vielleicht durch die Wirren des näher rückenden Zusammenbruchs auch nicht mehr realisierbar. Ganzer blieb weiter freundlich, noch freundlicher wurden seine Mitarbeiter. Einer meinte: »Sie werden hoffentlich nicht vergessen, was wir für Sie getan haben.«

Es war die Vorsorge der Mitläufer für den Fall des Untergangs. Sie erwarteten von mir eine Fürsprache bei den kommenden Siegern. Doch ich wußte selbst nicht, was mich nach Kriegsende erwartete.

Den Einmarsch der Amerikaner erlebte ich am Rotkreuzplatz. Schon morgens war ich mit dem Fahrrad zu einem Radiogeschäft gefahren, um reparaturbedürftige Volksempfänger abzuholen; zusammen mit einem Freund bastelte ich oft tagelang an diesen schwarzen Kisten – ein willkommener Nebenverdienst. Es hatte sich schnell herumgesprochen, daß die Amerikaner einrücken würden; am Rotkreuzplatz standen einige hundert Menschen, warteten auf die Befreier. Die Parade der Sieger werde ich – neben der Freude über das

Kriegsende – auch deshalb nicht vergessen, weil ich plötzlich ohne Fahrrad dastand. Während die Panzer die Straße entlangrollten und die Passanten winkten, schlichen sich hinter meinem Rücken zwei Burschen an mein Fahrrad und machten sich mit ihm davon. Ich hatte das Nachsehen, ärgerte mich über den Verlust des Gefährts. Den Amerikanern schaute ich trotzdem zu. Endlich, endlich war der Krieg vorbei.

Unter den vielen Gerüchten, die in München gehandelt wurden, betraf eines auch die Soldaten: Jeder Wehrpflichtige, der nach dem Oktober 1944 entlassen worden war, würde automatisch in Kriegsgefangenschaft geraten. Mich betraf das zwar nicht, aber was war mit den vielen anderen ...? Es traf sich gut, daß ich in einem Eisenbahnwaggon in Laim – in dieser Umbruchphase war jeder viel unterwegs – einen ganzen Packen alter Wehrpässe entdeckte. Es waren »zurückgekehrte« Papiere von Gefallenen. Zur gleichen Zeit hatte einer der Studenten, die noch bei meiner Mutter wohnten, einen Hinweis bekommen, daß die Wehrkreisauskunftsstelle mittlerweile verwaist sei. Alles hatte Reißaus genommen. Also gingen wir auch dorthin und bedienten uns: neue Wehrpässe kamen uns gerade recht. In verlassenen Kasernen sammelten wir Stempel aller Dienstgrade. Damit florierte ein kleines »Entlassungsgeschäft«: Aus den alten Pässen trennten wir die personenbezogenen Seiten heraus, ersetzten sie durch Seiten aus den ungebrauchten Pässen, fügten auch das jeweilige Paßfoto mit neuen Ösen ein, der Kandidat mußte nur noch unterschreiben. Auf diese Weise haben wir insgesamt etwa fünfunddreißig Leute »vorzeitig« und nachträglich entlassen. Ab und zu bekamen wir einen kleinen Gegenwert zum Beispiel in Form von Gebirgsstiefeln; meist ging das ohne großes Aufsehen über die Bühne. Wir wollten einfach den Kameraden helfen, die für ihr spätes Entlassungsdatum nichts konnten. Und wenn mal abends einer an unserer Tür klopfte – unsere »Dienstleistung« hatte sich herumgesprochen – und da so armselig und verdächtig in Wehrmachtshosen vor dem Haus stand, dann gab ich ihm zu dem Paß auch noch eine Hose von mir mit.

Zehn Tage nach dem Einmarsch fuhr ein amerikanischer Jeep vor unserem Haus vor, zwei Soldaten sprangen heraus, klingelten, nahmen Mutter ohne eine Erklärung mit. Es ging so schnell, daß ich nicht eingreifen konnte. Ging das jetzt bei den Siegern unter anderen Vorzeichen weiter? Am nächsten Tag fuhr der Jeep wieder vor, brachte Mutter zurück – und holte mich! Zwei Soldaten mit MP bewachten mich während der Fahrt zum C. I. C. in der Mauerkircher-Straße. Der amerikanische Geheimdienst hatte sich in der Villa des Reichsstatthalters Ritter von Epp einquartiert. Ich wurde zunächst in die »Wohnhalle« im Erdgeschoß geführt, wo schon weitere elf Männer auf ihre Verhöre warteten, bewacht von baumlangen amerikanischen Militärpolizisten. Wie sich herausstellte, wurden hier maßgebliche SS-Leute interniert. Vierundzwanzig Stunden mußte ich dort ausharren, ohne daß sich irgend etwas tat. Am nächsten Tag wurde ich in ein Nebenzimmer gerufen. Ein sympathischer junger Offizier der 7. Armee verhörte mich. Er sprach fließend deutsch, schien aber kein Emigrant zu sein. Er entschuldigte sich dafür, daß meine Mutter irrtümlicherweise beschuldigt worden sei; man habe geglaubt, sie sei in Spanien gewesen.

»Aha«, sagte ich, »daher weht der Wind«.

»Aber Sie waren dort«, sagte der Leutnant.

»Ja«, antwortete ich, nachdem mir klar war, daß die Amis eindeutige Informationen hatten und Leugnen zwecklos war.

»Sie waren als Spion in Madrid?« fragte der Leutnant weiter.

»So kann man das auch nennen. Aber woher wissen Sie das?«

»Das haben wir aus authentischer Quelle.«

»Aus welcher Quelle?«

»Von Ihren Auftraggebern, von wem sonst? Vom SD.«

Das Verhör ging weiter. »Waren Sie in Spanien?«

»Ja.«

»Haben Sie Kontakt mit dem Secret Service gehabt, mit ihm verhandelt?«

»Ja.«

»Haben Sie im Auftrag des SD verhandelt?«

»Nein.«

»Verstehe ich nicht. Noch mal. Ihr Visum hatten Sie über den SD?«

»Ja.«

»Und Sie haben mit den Engländern verhandelt.«

»Ja.«

»Im Auftrag des SD!«

»Nein.«

»Was heißt nein?! In wessen Auftrag waren Sie denn dort??«

»Das ist eine längere Geschichte, die ich Ihnen aber gerne erzähle.«

Der Leutnant lehnte sich zurück: »Ich habe Zeit, erzählen Sie.«

Und ich fing an mit der Beerdigung meines Vaters, schilderte meine Jugendzeit, das verhinderte Studium, Arbeitsdienst, Soldatenzeit, Entlassung, die mehrmaligen Manöver zu Mutters Rettung in letzter Minute ...

Der Amerikaner stellte ab und zu Zwischenfragen, hörte aber sonst geduldig zu. Nach zweieinhalb Stunden wurde ich wieder in die »Wohnhalle« geführt. Ich empfand es als deprimierend, zusammen mit jenen Gestapo-Leuten gefangengehalten zu werden, die meine Familie jahrelang verfolgt hatten. Dieser Raum war sehr prunkvoll eingerichtet, paßte gar nicht zu seiner jetzigen Bestimmung: In der Mitte ein kostbarer Konzertflügel, auf den zwei Militärpolizisten ihre entsicherten MPs gelegt hatten, die Mündungsläufe auf die Gefangenen gerichtet. Die Einrichtung war etwas zusammengeschoben worden, um Platz zu schaffen für sechs eiserne Stockbetten, in denen wir nachts schlafen durften. Mußte einer der Häftlinge aufs Klo, wurde er von einem Wächter begleitet – die MP im Rücken.

Das Verhör ging am nächsten Tag weiter. Der Leutnant war höflich, sorgte für Getränke und Zigaretten. Ich schilderte die Situation der letzten Jahre nochmals in allen Einzelheiten und versuchte, meinem Gegenüber klarzumachen, daß ich mich zwischen den Fronten befunden hatte: »Was sollte ich denn tun? Es ging mir nur um das Leben meiner Mutter! Und wenn Sie meine Geschichte überdenken: Ich habe weder den Deutschen genützt noch den Alliierten geschadet!«

»Als Soldat haben Sie den Deutschen genützt!«

»Aber man hat mich doch rausgeschmissen! Man wollte mich doch gar nicht mehr!«

Das konnte der Amerikaner nachvollziehen.

»Und außerdem«, fuhr ich fort, »habe ich nur das Leben meiner Mutter gerettet, mit allen nur möglichen Mitteln. Können Sie das nicht verstehen? Wissen Sie, was eine Gaskammer ist?«

Er hatte nur gerüchteweise davon gehört.

»Oder soll ich Ihnen erzählen, was ein Verwandter mal zu meiner Mutter sagte? Er sagte: Wenn du wirklich abtransportiert wirst, dann nimm Zyankali.«

Der Amerikaner schwieg, ich konnte ihm ansehen, daß er die Greuel der Naziherrschaft nicht kannte.

»Ich bin sicher, daß jeder amerikanische Junge, der das Leben seiner Mutter unter einem solchen Schrekkensregime retten würde, mit Hochachtung belohnt würde.«

Das war zwar in meiner Situation als verdächtiger

SD-Agent etwas gewagt, aber ich mußte jede Karte ausspielen.

»Und ich gebe Ihnen noch einige Namen und Adressen von meinen Kontaktleuten; dort können Sie meine Angaben auf ihre Richtigkeit überprüfen lassen.«

Am vierten Tag meiner Internierung erklärte mir der Leutnant, daß er meine Aussagen nachgeprüft habe. »Sie haben wohl die Wahrheit gesagt. Heute nachmittag können Sie nach Hause. Ich werde Sie selbst fahren.«

Das verblüffte mich etwas, aber vielleicht wollte er einfach eine Verhörpause haben. Er brachte mich im Jeep nach Hause, gab mir sogar noch ein Care-Paket mit, begleitete mich bis zur Tür, wartete, bis geöffnet wurde. Dorle begrüßte mich überschwenglich, der Amerikaner stieg wieder in seinen Jeep.

Mutter und Dorle waren glücklich, daß ich wieder da war. Jetzt schien wirklich alles überstanden zu sein. Der amerikanische Leutnant – nun stellte er sich auch mit Namen vor: Baysdorfer – kam komischerweise immer wieder zu uns ins Haus, unterhielt sich mit uns, wollte von mir wissen, ob ich diese oder jene Person kennen würde. Doch sein Interesse an meinen Kontakten rückte immer mehr in den Hintergrund, je öfter er mit Dorle ins Gespräch kam. Bald galten seine Besuche ausschließlich ihr. Dorle verliebte sich ebenfalls in ihn.

Mutter konnte relativ problemlos wieder ins Kinogeschäft einsteigen. Die Amerikaner bemühten sich, etwas Leben in diese zertrümmerte Stadt zu bringen. Zwei oder drei Kinos waren noch intakt. Mutter bewarb sich bei der Information Control Division (ICD) in der Renatastraße; die Amerikaner waren dankbar, in Mutter eine Einheimische aus der Branche gefunden zu haben, die ihre Fachkenntnisse und Beziehungen einbringen konnte. Und als rassisch Verfolgte galt sie bei den Amerikanern sowieso als »politisch unbedenklich«. Dadurch, daß sie alle wichtigen Filmleute kannte, wurde sie vom ICD oft zur Beurteilung von Anträgen auf Kinolizenzen hinzugezogen. In einigen Fällen konnte sie ein gutes Wort einlegen. Die führenden Personen der Reichsfilmkammer allerdings hatten beim ICD keine Chance.

Bei einer Filmpremiere im Luitpoldtheater, das meine Mutter gepachtet hatte, entdeckte ich – es war Sommer 1946 – Frau von Liebermann. Nach der Vorstellung sprach ich sie an, fragte sie, ob sie nicht noch ein wenig mitfeiern wolle. Sie erkannte mich zunächst nicht. Als ich sie an unser damaliges Treffen im Bayerischen Hof und in dem Café erinnerte, fiel sie mir um den Hals, bedankte sich überschwenglich für den Hinweis, den ich ihr gegeben hatte. Sie erzählte, daß sie nach unserem Gespräch ihre Hausangestellte, die sie denunziert hatte, entlassen und jeglichen Kontakt abgebrochen hatte. Auch beim Radiohören war sie vorsichtiger geworden.

Dorle und Leutnant Baysdorfer heirateten 1948; sie gingen in die USA und leben seitdem in San Francisco.

Wegen ihrer Verdienste um den Wiederaufbau der deutschen Filmwirtschaft nach dem Krieg erhielt Mutter 1986 das Filmband in Gold vom damaligen Bundesinnenminister Friedrich Zimmermann in Berlin überreicht.

Mutter starb 1989 im Alter von dreiundneunzig Jahren.

## *Sie sollten sich töten – doch sie wurden Freunde*

August von Kageneck
Hélie de Saint Marc
**Unsere Geschichte**
Aus dem Französischen
von Ursel Schäfer
304 Seiten · geb. mit SU
**sFr 44,90** · € 24,90
ISBN 3-85842-568-0

Beide sind 1922 geboren, der eine Franzose, der andere Deutscher. Als der Krieg ausbricht, zieht der eine als Panzerleutnant der Wehrmacht in den Osten, der andere schliesst sich der Résistance an.

Über 50 Jahre später treffen sie aufeinander. Getrieben von dem Wunsch, den Feind von gestern zu verstehen, erinnern sie sich gemeinsam an die dreissiger Jahre und an die Kriegszeit. Ihre Gespräche sind ein einmaliges historisches Zeugnis. Sie zeigen, wie ein Deutscher und ein Franzose die Widersprüchlichkeit der Geschichte erleben.

»*Unsere Geschichte* ist ein grossartiges Buch, ehrlich und überzeugend, und lässt einen wieder an den Menschen glauben.« Le Figaro littéraire

Pendo
www.pendo.ch
Forchstraße 40 CH-8032 Zürich
Fon 0041/1/389 70-30
Fax 0041/1/389 70-35

Edith Hahn Beer

# ICH GING DURCHS FEUER UND BRANNTE NICHT

Die Jüdin Edith Hahn Beer ist eine junge begabte Studentin in Wien, als die Nazis 1938 auch dort die Macht ergreifen. Der Mann, den Edith über alles liebt, wird ihr zum Verhängnis. Der Mann, den sie hassen müsste, weil er überzeugter Nazi ist, rettet ihr das Leben: Er verliebt sich in sie und heiratet sie – in vollem Bewusstsein ihrer wahren Identität …
Eine Liebesgeschichte vor dem Hintergrund einer Zeit, in der die Menschen sich – mit tödlicher Konsequenz – entscheiden mussten: für Liebe oder Verrat, Freundschaft oder Feigheit, Hilfsbereitschaft oder Gleichgültigkeit.

»Eine mitreißende Lebensgeschichte – ähnlich Victor Klemperers Tagebüchern«
*Süddeutsche Zeitung*

Knaur